TABLES D'INTÉRÊT

A 3 1/2 p. 0/0,

A L'USAGE DES CAISSES D'ÉPARGNE,

PAR M. GAILHAC,

Caissier de la Caisse d'Épargne de Fontainebleau (Seine-et-Marne).

PITHIVIERS. — CHENU, IMPRIMEUR DES CAISSES D'ÉPARGNE.

1853.

ERRATA.

NOTICE PRÉLIMINAIRE.

Dans la 2ᵉ page de la notice préliminaire, à la quinzième ligne, au lieu de *pendant 20 semaines*, lisez : *pendant 21 semaines.*

SIX SEMAINES.

Aux intérêts de 73 francs, pour les trois chiffres qui suivent les centimes, au lieu de 481 lisez : 480.

Aux intérêts de 161 francs, pour les trois chiffres qui suivent les centimes, au lieu de 029, lisez : 019.

TREIZE SEMAINES.

Aux intérêts de 188 francs, pour les trois chiffres qui suivent les centimes, au lieu de 100 lisez : 500.

DIX-SEPT SEMAINES.

Pour la période correspondante au nᵒ 6, au lieu de 348615, lisez : 384615.

TRENTE-TROIS SEMAINES.

Aux intérêts de 263 francs, au lieu de 5,34, lisez : 5,84.

Aux intérêts de 259 francs, au lieu de 75 c., lisez : 5 fr. 75 c.

TRENTE-HUIT SEMAINES.

Aux intérêts de 49 francs, pour les trois chiffres qui suivent les centimes, au lieu de 386, lisez : 326.

TABLES D'INTÉRÊT

A 3 1/2 p. 0/0,

A L'USAGE DES CAISSES D'ÉPARGNE.

PAR M. GAILHAC,

Caissier de la Caisse d'Épargne de Fontainebleau (Seine-et-Marne).

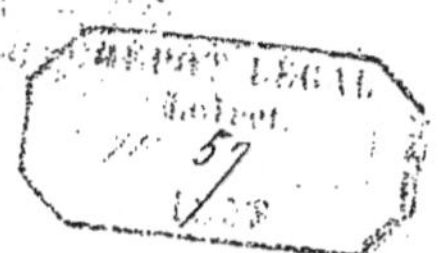

PITHIVIERS. — CHENU, IMPRIMEUR DES CAISSES D'ÉPARGNE.

1853.

AVIS DE L'AUTEUR.

Ces tables à 3 1/2 p. 0/0 , construites d'après le même système que mes tables d'intérêt à 4 p. 0/0 , sont néanmoins d'un usage plus commode que ces dernières, en ce qu'il n'est presque jamais besoin de recourir, dans la pratique, aux périodes de la colonne latérale.

Chaque tableau présente directement, pour un nombre déterminé de semaines, l'intérêt de tous les nombres entiers compris entre 1 et 300, avec francs et centimes, et donne en outre les trois chiffres décimaux qui suivent les centimes.

Ces trois derniers chiffres, auxquels on n'a pas égard pour les nombres compris entre 1 et 300, servent à obtenir exactement, au moyen d'une seule addition de deux nombres, l'intérêt de tous les nombres compris entre 300 et 30,000.

Soit, par exemple, à trouver l'intérêt de 876 francs pour 20 semaines : on décompose ce nombre en deux parties, dont l'une, 800, exprime les centaines, et l'autre, 76, comprend les dixaines et les unités.

Pour 800 on cherche l'intérêt de 8, dans lequel les centimes deviennent des francs, et l'on trouve ainsi pour l'intérêt de 800 francs. . . . . 10^f 769

On trouve directement pour l'intérêt de 76 francs. 1 023
____

Ce qui donne pour l'intérêt cherché. 11 792
____

ou bien 11^f 79^c, en négligeant les fractions de centime.

Soit encore à trouver, par le même tableau de 20 semaines, l'intérêt de 28,192 fr. : On fait la même décomposition que ci-dessus (28,100-92). Pour 28,100 on cherche dans le tableau l'intérêt de 281, dans lequel les centimes deviennent des francs, et l'on obtient. . . . . 378^f 269

On trouve directement pour 92 francs. 1 238
____

Ce qui donne pour l'intérêt cherché. . . . . 379 50 -
____

Ces mêmes tableaux permettent d'obtenir, avec la même facilité, l'intérêt d'un nombre quelconque ; seulement, au-delà de 30,000, il faut recourir, par des numéros de renvoi, à la petite colonne latérale, en tête de laquelle est écrit le mot *période*. Cette colonne comprend les 6 chiffres décimaux qui suivent ceux que le tableau fait connaître directement pour chaque nombre. Or ces groupes, de 6 chiffres chacun, se reproduisent périodiquement et sans fin. Ainsi, par exemple, le tableau (20 semaines) donne directement, pour l'intérêt de 129 francs, 1ᶠ 73 653. Là paraît s'arrêter l'intérêt indiqué par le tableau. Mais si, à l'aide du n° 12, qui se trouve à côté, on se reporte à la période qui suit ce même numéro 12 dans le petit tableau latéral, on obtiendra pour l'intérêt complet de 129 francs :

1ᶠ 73 653 846153 846153 846153 etc., sans fin.

Il est facile de comprendre dès-lors, qu'en avançant la virgule d'un nombre de rangs convenable, on obtiendra, avec une approximation illimitée, l'intérêt d'un nombre quel qu'il soit.

Ainsi, par exemple, soit proposé de trouver l'intérêt, pendant 20 semaines, du nombre 22,148,976 francs :

On décompose ce nombre ainsi :

22,000,000.	310,961ᶠ 538	(intérêt de 22 × 1,000,000)
148,000.	2,091 923	(intérêt de 148 × 1,000)
900.	12 721	(intérêt de 9 × 100)
76.	1 074	(donné directement.)
Intérêt cherché.	313,067ᶠ 25	

Par des décompositions analogues, on arriverait presque instantanément à trouver, avec une approximation illimitée, l'intérêt de tout autre nombre.

Sommes	Intérêts	n^os	Sommes	Intérêts	n^os
	f. c.			f. c.	
1	» »» 067	1	51	» 03 432	12
2	» »» 134	2	52	» 03 500	»
3	» »» 201	3	53	» 03 567	1
4	» »» 269	4	54	» 03 634	2
5	» »» 336	5	55	» 03 701	3
6	» »» 403	6	56	» 03 769	4
7	» »» 471	7	57	» 03 836	5
8	» »» 538	8	58	» 03 903	6
9	» »» 605	9	59	» 03 971	7
10	» »» 673	10	60	» 04 038	8
11	» »» 740	11	61	» 04 105	9
12	» »» 807	12	62	» 04 173	10
13	» »» 875	»	63	» 04 240	11
14	» »» 942	1	64	» 04 307	12
15	» 01 009	2	65	» 04 375	»
16	» 01 076	3	66	» 04 442	1
17	» 01 144	4	67	» 04 509	2
18	» 01 211	5	68	» 04 576	3
19	» 01 278	6	69	» 04 644	4
20	» 01 346	7	70	» 04 711	5
21	» 01 413	8	71	» 04 778	6
22	» 01 480	9	72	» 04 846	7
23	» 01 548	10	73	» 04 913	8
24	» 01 615	11	74	» 04 980	9
25	» 01 682	12	75	» 05 048	10
26	» 01 750	»	76	» 05 115	11
27	» 01 817	1	77	» 05 182	12
28	» 01 884	2	78	» 05 250	»
29	» 01 951	3	79	» 05 317	1
30	» 02 019	4	80	» 05 384	2
31	» 02 086	5	81	» 05 451	3
32	» 02 153	6	82	» 05 519	4
33	» 02 221	7	83	» 05 586	5
34	» 02 288	8	84	» 05 653	6
35	» 02 355	9	85	» 05 721	7
36	» 02 423	10	86	» 05 788	8
37	» 02 490	11	87	» 05 855	9
38	» 02 557	12	88	» 05 923	10
39	» 02 625	»	89	» 05 990	11
40	» 02 692	1	90	» 06 057	12
41	» 02 759	2	91	» 06 125	»
42	» 02 826	3	92	» 06 192	1
43	» 02 894	4	93	» 06 259	2
44	» 02 961	5	94	» 06 326	3
45	» 03 028	6	95	» 06 394	4
46	» 03 096	7	96	» 06 461	5
47	» 03 163	8	97	» 06 528	6
48	» 03 230	9	98	» 06 596	7
49	» 03 298	10	99	» 06 663	8
50	» 03 365	11	100	» 06 730	9

Sommes	Intérêts	n^os	Sommes	Intérêts	n^os
	f. c.			f. c.	
101	» 06 798	10	151	» 10 163	8
102	» 06 865	11	152	» 10 230	9
103	» 06 932	12	153	» 10 298	10
104	» 07 000	»	154	» 10 365	11
105	» 07 067	1	155	» 10 432	12
106	» 07 134	2	156	» 10 500	»
107	» 07 201	3	157	» 10 567	1
108	» 07 269	4	158	» 10 634	2
109	» 07 336	5	159	» 10 701	3
110	» 07 403	6	160	» 10 769	4
111	» 07 471	7	161	» 10 836	5
112	» 07 538	8	162	» 10 903	6
113	» 07 605	9	163	» 10 971	7
114	» 07 673	10	164	» 11 038	8
115	» 07 740	11	165	» 11 105	9
116	» 07 807	12	166	» 11 173	10
117	» 07 875	»	167	» 11 240	11
118	» 07 942	1	168	» 11 307	12
119	» 08 009	2	169	» 11 375	»
120	» 08 076	3	170	» 11 442	1
121	» 08 144	4	171	» 11 509	2
122	» 08 211	5	172	» 11 576	3
123	» 08 278	6	173	» 11 644	4
124	» 08 346	7	174	» 11 711	5
125	» 08 413	8	175	» 11 778	6
126	» 08 480	9	176	» 11 846	7
127	» 08 548	10	177	» 11 913	8
128	» 08 615	11	178	» 11 980	9
129	» 08 682	12	179	» 12 048	10
130	» 08 750	»	180	» 12 115	11
131	» 08 817	1	181	» 12 182	12
132	» 08 884	2	182	» 12 250	»
133	» 08 951	3	183	» 12 317	1
134	» 09 019	4	184	» 12 384	2
135	» 09 086	5	185	» 12 451	3
136	» 09 153	6	186	» 12 519	4
137	» 09 221	7	187	» 12 586	5
138	» 09 288	8	188	» 12 653	6
139	» 09 355	9	189	» 12 721	7
140	» 09 423	10	190	» 12 788	8
141	» 09 490	11	191	» 12 855	9
142	» 09 557	12	192	» 12 923	10
143	» 09 625	»	193	» 12 990	11
144	» 09 692	1	194	» 13 057	12
145	» 09 759	2	195	» 13 125	»
146	» 09 826	3	196	» 13 192	1
147	» 09 894	4	197	» 13 259	2
148	» 09 961	5	198	» 13 326	3
149	» 10 028	6	199	» 13 394	4
150	» 10 096	7	200	» 13 461	5

Sommes	Intérêts	n^os	Sommes	Intérêts	n^os
	f. c.			f. c.	
201	» 13 528	6	251	» 16 894	4
202	» 13 596	7	252	» 16 961	5
203	» 13 663	8	253	» 17 028	6
204	» 13 730	9	254	» 17 096	7
205	» 13 798	10	255	» 17 163	8
206	» 13 865	11	256	» 17 230	9
207	» 13 932	12	257	» 17 298	10
208	» 14 000	»	258	» 17 365	11
209	» 14 067	1	259	» 17 432	12
210	» 14 134	2	260	» 17 500	»
211	» 14 201	3	261	» 17 567	1
212	» 14 269	4	262	» 17 634	2
213	» 14 336	5	263	» 17 701	3
214	» 14 403	6	264	» 17 769	4
215	» 14 471	7	265	» 17 836	5
216	» 14 538	8	266	» 17 903	6
217	» 14 605	9	267	» 17 971	7
218	» 14 673	10	268	» 18 038	8
219	» 14 740	11	269	» 18 105	9
220	» 14 807	12	270	» 18 173	10
221	» 14 875	»	271	» 18 240	11
222	» 14 942	1	272	» 18 307	12
223	» 15 009	2	273	» 18 375	»
224	» 15 076	3	274	» 18 442	1
225	» 15 144	4	275	» 18 509	2
226	» 15 211	5	276	» 18 576	3
227	» 15 278	6	277	» 18 644	4
228	» 15 346	7	278	» 18 711	5
229	» 15 413	8	279	» 18 778	6
230	» 15 480	9	280	» 18 846	7
231	» 15 548	10	281	» 18 913	8
232	» 15 615	11	282	» 18 980	9
233	» 15 682	12	283	» 19 048	10
234	» 15 750	»	284	» 19 115	11
235	» 15 817	1	285	» 19 182	12
236	» 15 884	2	286	» 19 250	»
237	» 15 951	3	287	» 19 317	1
238	» 16 019	4	288	» 19 384	2
239	» 16 086	5	289	» 19 451	3
240	» 16 153	6	290	» 19 519	4
241	» 16 221	7	291	» 19 586	5
242	» 16 288	8	292	» 19 653	6
243	» 16 355	9	293	» 19 721	7
244	» 16 423	10	294	» 19 788	8
245	» 16 490	11	295	» 19 855	9
246	» 16 557	12	296	» 19 923	10
247	» 16 625	»	297	» 19 990	11
248	» 16 692	1	298	» 20 057	12
249	» 16 759	2	299	» 20 125	»
250	» 16 826	3	300	» 20 192	1

n^os	Périodes
1	307692
2	615384
3	923076
4	230769
5	538461
6	846153
7	153846
8	461538
9	769230
10	076923
11	384615
12	692307

Deux Semaines.

Périodes

n°s	Périodes
1	615384
2	230769
3	846153
4	461538
5	076923
6	692307
7	307692
8	923076
9	538461
10	153846
11	769230
12	384615

Sommes	Intérêts f.	Intérêts c.	n°s	Sommes	Intérêts f.	Intérêts c.	n°s
1	»	» 134	1	51	»	06 865	12
2	»	» 269	2	52	»	07 000	»
3	»	» 403	3	53	»	07 134	1
4	»	» 538	4	54	»	07 269	2
5	»	» 673	5	55	»	07 403	3
6	»	» 807	6	56	»	07 538	4
7	»	» 942	7	57	»	07 673	5
8	»	01 076	8	58	»	07 807	6
9	»	01 211	9	59	»	07 942	7
10	»	01 346	10	60	»	08 076	8
11	»	01 480	11	61	»	08 211	9
12	»	01 615	12	62	»	08 346	10
13	»	01 750	»	63	»	08 480	11
14	»	01 884	1	64	»	08 615	12
15	»	02 019	2	65	»	08 750	»
16	»	02 153	3	66	»	08 884	1
17	»	02 288	4	67	»	09 019	2
18	»	02 423	5	68	»	09 153	3
19	»	02 557	6	69	»	09 288	4
20	»	02 692	7	70	»	09 423	5
21	»	02 826	8	71	»	09 557	6
22	»	02 961	9	72	»	09 692	7
23	»	03 096	10	73	»	09 826	8
24	»	03 230	11	74	»	09 961	9
25	»	03 365	12	75	»	10 096	10
26	»	03 500	»	76	»	10 230	11
27	»	03 634	1	77	»	10 365	12
28	»	03 769	2	78	»	10 500	»
29	»	03 903	3	79	»	10 634	1
30	»	04 038	4	80	»	10 769	2
31	»	04 173	5	81	»	10 903	3
32	»	04 307	6	82	»	11 038	4
33	»	04 442	7	83	»	11 173	5
34	»	04 576	8	84	»	11 307	6
35	»	04 711	9	85	»	11 442	7
36	»	04 846	10	86	»	11 576	8
37	»	04 980	11	87	»	11 711	9
38	»	05 115	12	88	»	11 846	10
39	»	05 250	»	89	»	11 980	11
40	»	05 384	1	90	»	12 115	12
41	»	05 519	2	91	»	12 250	»
42	»	05 653	3	92	»	12 384	1
43	»	05 788	4	93	»	12 519	2
44	»	05 923	5	94	»	12 653	3
45	»	06 057	6	95	»	12 788	4
46	»	06 192	7	96	»	12 923	5
47	»	06 326	8	97	»	13 057	6
48	»	06 461	9	98	»	13 192	7
49	»	06 596	10	99	»	13 326	8
50	»	06 730	11	100	»	13 461	9

Sommes	Intérêts f.	Intérêts c.	n°s	Sommes	Intérêts f.	Intérêts c.	n°s
101	»	13 596	10	151	»	20 326	8
102	»	13 730	11	152	»	20 461	9
103	»	13 865	12	153	»	20 596	10
104	»	14 000	»	154	»	20 730	11
105	»	14 134	1	155	»	20 865	12
106	»	14 269	2	156	»	21 000	»
107	»	14 403	3	157	»	21 134	1
108	»	14 538	4	158	»	21 269	2
109	»	14 673	5	159	»	21 403	3
110	»	14 807	6	160	»	21 538	4
111	»	14 942	7	161	»	21 673	5
112	»	15 076	8	162	»	21 807	6
113	»	15 211	9	163	»	21 942	7
114	»	15 346	10	164	»	22 076	8
115	»	15 480	11	165	»	22 211	9
116	»	15 615	12	166	»	22 346	10
117	»	15 750	»	167	»	22 480	11
118	»	15 884	1	168	»	22 615	12
119	»	16 019	2	169	»	22 750	»
120	»	16 153	3	170	»	22 884	1
121	»	16 288	4	171	»	23 019	2
122	»	16 423	5	172	»	23 153	3
123	»	16 557	6	173	»	23 288	4
124	»	16 692	7	174	»	23 423	5
125	»	16 826	8	175	»	23 557	6
126	»	16 961	9	176	»	23 692	7
127	»	17 096	10	177	»	23 826	8
128	»	17 230	11	178	»	23 961	9
129	»	17 365	12	179	»	24 096	10
130	»	17 500	»	180	»	24 230	11
131	»	17 634	1	181	»	24 365	12
132	»	17 769	2	182	»	24 500	»
133	»	17 903	3	183	»	24 634	1
134	»	18 038	4	184	»	24 769	2
135	»	18 173	5	185	»	24 903	3
136	»	18 307	6	186	»	25 038	4
137	»	18 442	7	187	»	25 173	5
138	»	18 576	8	188	»	25 307	6
139	»	18 711	9	189	»	25 442	7
140	»	18 846	10	190	»	25 576	8
141	»	18 980	11	191	»	25 711	9
142	»	19 115	12	192	»	25 846	10
143	»	19 250	»	193	»	25 980	11
144	»	19 384	1	194	»	26 115	12
145	»	19 519	2	195	»	26 250	»
146	»	19 653	3	196	»	26 384	1
147	»	19 788	4	197	»	26 519	2
148	»	19 923	5	198	»	26 653	3
149	»	20 057	6	199	»	26 788	4
150	»	20 192	7	200	»	26 923	5

Sommes	Intérêts f.	Intérêts c.	n°s	Sommes	Intérêts f.	Intérêts c.	n°s
201	»	27 057	6	251	»	33 788	4
202	»	27 192	7	252	»	33 923	5
203	»	27 326	8	253	»	34 057	6
204	»	27 461	9	254	»	34 192	7
205	»	27 596	10	255	»	34 326	8
206	»	27 730	11	256	»	34 461	9
207	»	27 865	12	257	»	34 596	10
208	»	28 000	»	258	»	34 730	11
209	»	28 134	1	259	»	34 865	12
210	»	28 269	2	260	»	35 000	»
211	»	28 403	3	261	»	35 134	1
212	»	28 538	4	262	»	35 269	2
213	»	28 673	5	263	»	35 403	3
214	»	28 807	6	264	»	35 538	4
215	»	28 942	7	265	»	35 673	5
216	»	29 076	8	266	»	35 807	6
217	»	29 211	9	267	»	35 942	7
218	»	29 346	10	268	»	36 076	8
219	»	29 480	11	269	»	36 211	9
220	»	29 615	12	270	»	36 346	10
221	»	29 750	»	271	»	36 480	11
222	»	29 884	1	272	»	36 615	12
223	»	30 019	2	273	»	36 750	»
224	»	30 153	3	274	»	36 884	1
225	»	30 288	4	275	»	37 019	2
226	»	30 423	5	276	»	37 153	3
227	»	30 557	6	277	»	37 288	4
228	»	30 692	7	278	»	37 423	5
229	»	30 826	8	279	»	37 557	6
230	»	30 961	9	280	»	37 692	7
231	»	31 096	10	281	»	37 826	8
232	»	31 230	11	282	»	37 961	9
233	»	31 365	12	283	»	38 096	10
234	»	31 500	»	284	»	38 230	11
235	»	31 634	1	285	»	38 365	12
236	»	31 769	2	286	»	38 500	»
237	»	31 903	3	287	»	38 634	1
238	»	32 038	4	288	»	38 769	2
239	»	32 173	5	289	»	38 903	3
240	»	32 307	6	290	»	39 038	4
241	»	32 442	7	291	»	39 173	5
242	»	32 576	8	292	»	39 307	6
243	»	32 711	9	293	»	39 442	7
244	»	32 846	10	294	»	39 576	8
245	»	32 980	11	295	»	39 711	9
246	»	33 115	12	296	»	39 846	10
247	»	33 250	»	297	»	39 980	11
248	»	33 384	1	298	»	40 115	12
249	»	33 519	2	299	»	40 250	»
250	»	33 653	3	300	»	40 384	1

Sommes	Intérêts (f. c.)	n^os	Sommes	Intérêts (f. c.)	n^os	Sommes	Intérêts (f. c.)	n^os	Sommes	Intérêts (f. c.)	n^os	Sommes	Intérêts (f. c.)	n^os	Sommes	Intérêts (f. c.)	n^os
1	» » 201	1	51	» 10 298	12	101	» 20 394	10	151	» 30 490	8	201	» 40 586	6	251	» 50 682	4
2	» » 403	2	52	» 10 500	»	102	» 20 596	11	152	» 30 692	9	202	» 40 788	7	252	» 50 884	5
3	» » 605	3	53	» 10 701	1	103	» 20 798	12	153	» 30 894	10	203	» 40 990	8	253	» 51 086	6
4	» » 807	4	54	» 10 903	2	104	» 21 000	»	154	» 31 096	11	204	» 41 192	9	254	» 51 288	7
5	» 01 009	5	55	» 11 105	3	105	» 21 201	1	155	» 31 298	12	205	» 41 394	10	255	» 51 490	8
6	» 01 211	6	56	» 11 307	4	106	» 21 403	2	156	» 31 500	»	206	» 41 596	11	256	» 51 692	9
7	» 01 413	7	57	» 11 509	5	107	» 21 605	3	157	» 31 701	1	207	» 41 798	12	257	» 51 894	10
8	» 01 615	8	58	» 11 711	6	108	» 21 807	4	158	» 31 903	2	208	» 42 000	»	258	» 52 096	11
9	» 01 817	9	59	» 11 913	7	109	» 22 009	5	159	» 32 105	3	209	» 42 201	1	259	» 52 298	12
10	» 02 019	10	60	» 12 115	8	110	» 22 211	6	160	» 32 307	4	210	» 42 403	2	260	» 52 500	»
11	» 02 221	11	61	» 12 317	9	111	» 22 413	7	161	» 32 509	5	211	» 42 605	3	261	» 52 701	1
12	» 02 423	12	62	» 12 519	10	112	» 22 615	8	162	» 32 711	6	212	» 42 807	4	262	» 52 903	2
13	» 02 625	»	63	» 12 721	11	113	» 22 817	9	163	» 32 913	7	213	» 43 009	5	263	» 53 105	3
14	» 02 826	1	64	» 12 923	12	114	» 23 019	10	164	» 33 115	8	214	» 43 211	6	264	» 53 307	4
15	» 03 028	2	65	» 13 125	»	115	» 23 221	11	165	» 33 317	9	215	» 43 413	7	265	» 53 509	5
16	» 03 230	3	66	» 13 326	1	116	» 23 423	12	166	» 33 519	10	216	» 43 615	8	266	» 53 711	6
17	» 03 432	4	67	» 13 528	2	117	» 23 625	»	167	» 33 721	11	217	» 43 817	9	267	» 53 913	7
18	» 03 634	5	68	» 13 730	3	118	» 23 826	1	168	» 33 923	12	218	» 44 019	10	268	» 54 115	8
19	» 03 836	6	69	» 13 932	4	119	» 24 028	2	169	» 34 125	»	219	» 44 221	11	269	» 54 317	9
20	» 04 038	7	70	» 14 134	5	120	» 24 230	3	170	» 34 326	1	220	» 44 423	12	270	» 54 519	10
21	» 04 240	8	71	» 14 336	6	121	» 24 432	4	171	» 34 528	2	221	» 44 625	»	271	» 54 721	11
22	» 04 442	9	72	» 14 538	7	122	» 24 634	5	172	» 34 730	3	222	» 44 826	1	272	» 54 923	12
23	» 04 644	10	73	» 14 740	8	123	» 24 836	6	173	» 34 932	4	223	» 45 028	2	273	» 55 125	»
24	» 04 846	11	74	» 14 942	9	124	» 25 038	7	174	» 35 134	5	224	» 45 230	3	274	» 55 326	1
25	» 05 048	12	75	» 15 144	10	125	» 25 240	8	175	» 35 336	6	225	» 45 432	4	275	» 55 528	2
26	» 05 250	»	76	» 15 346	11	126	» 25 442	9	176	» 35 538	7	226	» 45 634	5	276	» 55 730	3
27	» 05 451	1	77	» 15 548	12	127	» 25 644	10	177	» 35 740	8	227	» 45 836	6	277	» 55 932	4
28	» 05 653	2	78	» 15 750	»	128	» 25 846	11	178	» 35 942	9	228	» 46 038	7	278	» 56 134	5
29	» 05 855	3	79	» 15 951	1	129	» 26 048	12	179	» 36 144	10	229	» 46 240	8	279	» 56 336	6
30	» 06 057	4	80	» 16 153	2	130	» 26 250	»	180	» 36 346	11	230	» 46 442	9	280	» 56 538	7
31	» 06 259	5	81	» 16 355	3	131	» 26 451	1	181	» 36 548	12	231	» 46 644	10	281	» 56 740	8
32	» 06 461	6	82	» 16 557	4	132	» 26 653	2	182	» 36 750	»	232	» 46 846	11	282	» 56 942	9
33	» 06 663	7	83	» 16 759	5	133	» 26 855	3	183	» 36 951	1	233	» 47 048	12	283	» 57 144	10
34	» 06 865	8	84	» 16 961	6	134	» 27 057	4	184	» 37 153	2	234	» 47 250	»	284	» 57 346	11
35	» 07 067	9	85	» 17 163	7	135	» 27 259	5	185	» 37 355	3	235	» 47 451	1	285	» 57 548	12
36	» 07 269	10	86	» 17 365	8	136	» 27 461	6	186	» 37 557	4	236	» 47 653	2	286	» 57 750	»
37	» 07 471	11	87	» 17 567	9	137	» 27 663	7	187	» 37 759	5	237	» 47 855	3	287	» 57 951	1
38	» 07 673	12	88	» 17 769	10	138	» 27 865	8	188	» 37 961	6	238	» 48 057	4	288	» 58 153	2
39	» 07 875	»	89	» 17 971	11	139	» 28 067	9	189	» 38 163	7	239	» 48 259	5	289	» 58 355	3
40	» 08 076	1	90	» 18 173	12	140	» 28 269	10	190	» 38 365	8	240	» 48 461	6	290	» 58 557	4
41	» 08 278	2	91	» 18 375	»	141	» 28 471	11	191	» 38 567	9	241	» 48 663	7	291	» 58 759	5
42	» 08 480	3	92	» 18 576	1	142	» 28 673	12	192	» 38 769	10	242	» 48 865	8	292	» 58 961	6
43	» 08 682	4	93	» 18 778	2	143	» 28 875	»	193	» 38 971	11	243	» 49 067	9	293	» 59 163	7
44	» 08 884	5	94	» 18 980	3	144	» 29 076	1	194	» 39 173	12	244	» 49 269	10	294	» 59 365	8
45	» 09 086	6	95	» 19 182	4	145	» 29 278	2	195	» 39 375	»	245	» 49 471	11	295	» 59 567	9
46	» 09 288	7	96	» 19 384	5	146	» 29 480	3	196	» 39 576	1	246	» 49 673	12	296	» 59 769	10
47	» 09 490	8	97	» 19 586	6	147	» 29 682	4	197	» 39 778	2	247	» 49 875	»	297	» 59 971	11
48	» 09 692	9	98	» 19 788	7	148	» 29 884	5	198	» 39 980	3	248	» 50 076	1	298	» 60 173	12
49	» 09 894	10	99	» 19 990	8	149	» 30 086	6	199	» 40 182	4	249	» 50 278	2	299	» 60 375	»
50	» 10 096	11	100	» 20 192	9	150	» 30 288	7	200	» 40 384	5	250	» 50 480	3	300	» 60 576	1

n^os	Périodes
1	923076
2	846153
3	769230
4	692307
5	615384
6	538461
7	461538
8	384615
9	307692
10	230769
11	153846
12	076923

Quatre Semaines.

n°s	Périodes
1	230769
2	461538
3	692307
4	923076
5	153846
6	384615
7	615384
8	846153
9	076923
10	307692
11	538461
12	769230

Sommes	Intérêts (f. c.)	n°s	Sommes	Intérêts (f. c.)	n°s
1	» » » 269	1	51	» 13 730	12
2	» » » 538	2	52	» 14 000	»
3	» » » 807	3	53	» 14 269	1
4	» 01 076	4	54	» 14 538	2
5	» 01 346	5	55	» 14 807	3
6	» 01 615	6	56	» 15 076	4
7	» 01 884	7	57	» 15 346	5
8	» 02 153	8	58	» 15 615	6
9	» 02 423	9	59	» 15 884	7
10	» 02 692	10	60	» 16 153	8
11	» 02 961	11	61	» 16 423	9
12	» 03 230	12	62	» 16 692	10
13	» 03 500	»	63	» 16 961	11
14	» 03 769	1	64	» 17 230	12
15	» 04 038	2	65	» 17 500	»
16	» 04 307	3	66	» 17 769	1
17	» 04 576	4	67	» 18 038	2
18	» 04 846	5	68	» 18 307	3
19	» 05 115	6	69	» 18 576	4
20	» 05 384	7	70	» 18 846	5
21	» 05 653	8	71	» 19 115	6
22	» 05 923	9	72	» 19 384	7
23	» 06 192	10	73	» 19 653	8
24	» 06 461	11	74	» 19 923	9
25	» 06 730	12	75	» 20 192	10
26	» 07 000	»	76	» 20 461	11
27	» 07 269	1	77	» 20 730	12
28	» 07 538	2	78	» 21 000	»
29	» 07 807	3	79	» 21 269	1
30	» 08 076	4	80	» 21 538	2
31	» 08 346	5	81	» 21 807	3
32	» 08 615	6	82	» 22 076	4
33	» 08 884	7	83	» 22 346	5
34	» 09 153	8	84	» 22 615	6
35	» 09 423	9	85	» 22 884	7
36	» 09 692	10	86	» 23 153	8
37	» 09 961	11	87	» 23 423	9
38	» 10 230	12	88	» 23 692	10
39	» 10 500	»	89	» 23 961	11
40	» 10 769	1	90	» 24 230	12
41	» 11 038	2	91	» 24 500	»
42	» 11 307	3	92	» 24 769	1
43	» 11 576	4	93	» 25 038	2
44	» 11 846	5	94	» 25 307	3
45	» 12 115	6	95	» 25 576	4
46	» 12 384	7	96	» 25 846	5
47	» 12 653	8	97	» 26 115	6
48	» 12 923	9	98	» 26 384	7
49	» 13 192	10	99	» 26 653	8
50	» 13 461	11	100	» 26 923	9

Sommes	Intérêts (f. c.)	n°s	Sommes	Intérêts (f. c.)	n°s
101	» 27 192	10	151	» 40 653	8
102	» 27 461	11	152	» 40 923	9
103	» 27 730	12	153	» 41 192	10
104	» 28 000	»	154	» 41 461	11
105	» 28 269	1	155	» 41 730	12
106	» 28 538	2	156	» 42 000	»
107	» 28 807	3	157	» 42 269	1
108	» 29 076	4	158	» 42 538	2
109	» 29 346	5	159	» 42 807	3
110	» 29 615	6	160	» 43 076	4
111	» 29 884	7	161	» 43 346	5
112	» 30 153	8	162	» 43 615	6
113	» 30 423	9	163	» 43 884	7
114	» 30 692	10	164	» 44 153	8
115	» 30 961	11	165	» 44 423	9
116	» 31 230	12	166	» 44 692	10
117	» 31 500	»	167	» 44 961	11
118	» 31 769	1	168	» 45 230	12
119	» 32 038	2	169	» 45 500	»
120	» 32 307	3	170	» 45 769	1
121	» 32 576	4	171	» 46 038	2
122	» 32 846	5	172	» 46 307	3
123	» 33 115	6	173	» 46 576	4
124	» 33 384	7	174	» 46 846	5
125	» 33 653	8	175	» 47 115	6
126	» 33 923	9	176	» 47 384	7
127	» 34 192	10	177	» 47 653	8
128	» 34 461	11	178	» 47 923	9
129	» 34 730	12	179	» 48 192	10
130	» 35 000	»	180	» 48 461	11
131	» 35 269	1	181	» 48 730	12
132	» 35 538	2	182	» 49 000	»
133	» 35 807	3	183	» 49 269	1
134	» 36 076	4	184	» 49 538	2
135	» 36 346	5	185	» 49 807	3
136	» 36 615	6	186	» 50 076	4
137	» 36 884	7	187	» 50 346	5
138	» 37 153	8	188	» 50 615	6
139	» 37 423	9	189	» 50 884	7
140	» 37 692	10	190	» 51 153	8
141	» 37 961	11	191	» 51 423	9
142	» 38 230	12	192	» 51 692	10
143	» 38 500	»	193	» 51 961	11
144	» 38 769	1	194	» 52 230	12
145	» 39 038	2	195	» 52 500	»
146	» 39 307	3	196	» 52 769	1
147	» 39 576	4	197	» 53 038	2
148	» 39 846	5	198	» 53 307	3
149	» 40 115	6	199	» 53 576	4
150	» 40 384	7	200	» 53 846	5

Sommes	Intérêts (f. c.)	n°s	Sommes	Intérêts (f. c.)	n°s
201	» 54 115	6	251	» 67 576	4
202	» 54 384	7	252	» 67 846	5
203	» 54 653	8	253	» 68 115	6
204	» 54 923	9	254	» 68 384	7
205	» 55 192	10	255	» 68 653	8
206	» 55 461	11	256	» 68 923	9
207	» 55 730	12	257	» 69 192	10
208	» 56 000	»	258	» 69 461	11
209	» 56 269	1	259	» 69 730	12
210	» 56 538	2	260	» 70 000	»
211	» 56 807	3	261	» 70 269	1
212	» 57 076	4	262	» 70 538	2
213	» 57 346	5	263	» 70 807	3
214	» 57 615	6	264	» 71 076	4
215	» 57 884	7	265	» 71 346	5
216	» 58 153	8	266	» 71 615	6
217	» 58 423	9	267	» 71 884	7
218	» 58 692	10	268	» 72 153	8
219	» 58 961	11	269	» 72 423	9
220	» 59 230	12	270	» 72 692	10
221	» 59 500	»	271	» 72 961	11
222	» 59 769	1	272	» 73 230	12
223	» 60 038	2	273	» 73 500	»
224	» 60 307	3	274	» 73 769	1
225	» 60 576	4	275	» 74 038	2
226	» 60 846	5	276	» 74 307	3
227	» 61 115	6	277	» 74 576	4
228	» 61 384	7	278	» 74 846	5
229	» 61 653	8	279	» 75 115	6
230	» 61 923	9	280	» 75 384	7
231	» 62 192	10	281	» 75 653	8
232	» 62 461	11	282	» 75 923	9
233	» 62 730	12	283	» 76 192	10
234	» 63 000	»	284	» 76 461	11
235	» 63 269	1	285	» 76 730	12
236	» 63 538	2	286	» 77 000	»
237	» 63 807	3	287	» 77 269	1
238	» 64 076	4	288	» 77 538	2
239	» 64 346	5	289	» 77 807	3
240	» 64 615	6	290	» 78 076	4
241	» 64 884	7	291	» 78 346	5
242	» 65 153	8	292	» 78 615	6
243	» 65 423	9	293	» 78 884	7
244	» 65 692	10	294	» 79 153	8
245	» 65 961	11	295	» 79 423	9
246	» 66 230	12	296	» 79 692	10
247	» 66 500	»	297	» 79 961	11
248	» 66 769	1	298	» 80 230	12
249	» 67 038	2	299	» 80 500	»
250	» 67 307	3	300	» 80 769	1

Sommes.	Intérêts f.	Intérêts c.	nos	Sommes.	Intérêts f.	Intérêts c.	nos
1	»	» 336	1	51	»	17 163	12
2	»	» 673	2	52	»	17 500	»
3	»	01 009	3	53	»	17 836	1
4	»	01 346	4	54	»	18 173	2
5	»	01 682	5	55	»	18 509	3
6	»	02 019	6	56	»	18 846	4
7	»	02 355	7	57	»	19 182	5
8	»	02 692	8	58	»	19 519	6
9	»	03 028	9	59	»	19 855	7
10	»	03 365	10	60	»	20 192	8
11	»	03 701	11	61	»	20 528	9
12	»	04 038	12	62	»	20 865	10
13	»	04 375	»	63	»	21 201	11
14	»	04 711	1	64	»	21 538	12
15	»	05 048	2	65	»	21 875	»
16	»	05 384	3	66	»	22 211	1
17	»	05 721	4	67	»	22 548	2
18	»	06 057	5	68	»	22 884	3
19	»	06 394	6	69	»	23 221	4
20	»	06 730	7	70	»	23 557	5
21	»	07 067	8	71	»	23 894	6
22	»	07 403	9	72	»	24 230	7
23	»	07 740	10	73	»	24 567	8
24	»	08 076	11	74	»	24 903	9
25	»	08 413	12	75	»	25 240	10
26	»	08 750	»	76	»	25 576	11
27	»	09 086	1	77	»	25 913	12
28	»	09 423	2	78	»	26 250	»
29	»	09 759	3	79	»	26 586	1
30	»	10 096	4	80	»	26 923	2
31	»	10 432	5	81	»	27 259	3
32	»	10 769	6	82	»	27 596	4
33	»	11 105	7	83	»	27 932	5
34	»	11 442	8	84	»	28 269	6
35	»	11 778	9	85	»	28 605	7
36	»	12 115	10	86	»	28 942	8
37	»	12 451	11	87	»	29 278	9
38	»	12 788	12	88	»	29 615	10
39	»	13 125	»	89	»	29 951	11
40	»	13 461	1	90	»	30 288	12
41	»	13 798	2	91	»	30 625	»
42	»	14 134	3	92	»	30 961	1
43	»	14 471	4	93	»	31 298	2
44	»	14 807	5	94	»	31 634	3
45	»	15 144	6	95	»	31 971	4
46	»	15 480	7	96	»	32 307	5
47	»	15 817	8	97	»	32 644	6
48	»	16 153	9	98	»	32 980	7
49	»	16 490	10	99	»	33 317	8
50	»	16 826	11	100	»	33 653	9

Sommes.	Intérêts f.	Intérêts c.	nos	Sommes.	Intérêts f.	Intérêts c.	nos
101	»	33 990	10	151	»	50 817	8
102	»	34 326	11	152	»	51 153	9
103	»	34 663	12	153	»	51 490	10
104	»	35 000	»	154	»	51 826	11
105	»	35 336	1	155	»	52 163	12
106	»	35 673	2	156	»	52 500	»
107	»	36 009	3	157	»	52 836	1
108	»	36 346	4	158	»	53 173	2
109	»	36 682	5	159	»	53 509	3
110	»	37 019	6	160	»	53 846	4
111	»	37 355	7	161	»	54 182	5
112	»	37 692	8	162	»	54 519	6
113	»	38 028	9	163	»	54 855	7
114	»	38 365	10	164	»	55 192	8
115	»	38 701	11	165	»	55 528	9
116	»	39 038	12	166	»	55 865	10
117	»	39 375	»	167	»	56 201	11
118	»	39 711	1	168	»	56 538	12
119	»	40 048	2	169	»	56 875	»
120	»	40 384	3	170	»	57 211	1
121	»	40 721	4	171	»	57 548	2
122	»	41 057	5	172	»	57 884	3
123	»	41 394	6	173	»	58 221	4
124	»	41 730	7	174	»	58 557	5
125	»	42 067	8	175	»	58 894	6
126	»	42 403	9	176	»	59 230	7
127	»	42 740	10	177	»	59 567	8
128	»	43 076	11	178	»	59 903	9
129	»	43 413	12	179	»	60 240	10
130	»	43 750	»	180	»	60 576	11
131	»	44 086	1	181	»	60 913	12
132	»	44 423	2	182	»	61 250	»
133	»	44 759	3	183	»	61 586	1
134	»	45 096	4	184	»	61 923	2
135	»	45 432	5	185	»	62 259	3
136	»	45 769	6	186	»	62 596	4
137	»	46 105	7	187	»	62 932	5
138	»	46 442	8	188	»	63 269	6
139	»	46 778	9	189	»	63 605	7
140	»	47 115	10	190	»	63 942	8
141	»	47 451	11	191	»	64 278	9
142	»	47 788	12	192	»	64 615	10
143	»	48 125	»	193	»	64 951	11
144	»	48 461	1	194	»	65 288	12
145	»	48 798	2	195	»	65 625	»
146	»	49 134	3	196	»	65 961	1
147	»	49 471	4	197	»	66 298	2
148	»	49 807	5	198	»	66 634	3
149	»	50 144	6	199	»	66 971	4
150	»	50 480	7	200	»	67 307	5

Sommes.	Intérêts f.	Intérêts c.	nos	Sommes.	Intérêts f.	Intérêts c.	nos
201	»	67 644	6	251	»	84 471	4
202	»	67 980	7	252	»	84 807	5
203	»	68 317	8	253	»	85 144	6
204	»	68 653	9	254	»	85 480	7
205	»	68 990	10	255	»	85 817	8
206	»	69 326	11	256	»	86 153	9
207	»	69 663	12	257	»	86 490	10
208	»	70 000	»	258	»	86 826	11
209	»	70 336	1	259	»	87 163	12
210	»	70 673	2	260	»	87 500	»
211	»	71 009	3	261	»	87 836	1
212	»	71 346	4	262	»	88 173	2
213	»	71 682	5	263	»	88 509	3
214	»	72 019	6	264	»	88 846	4
215	»	72 355	7	265	»	89 182	5
216	»	72 692	8	266	»	89 519	6
217	»	73 028	9	267	»	89 855	7
218	»	73 365	10	268	»	90 192	8
219	»	73 701	11	269	»	90 528	9
220	»	74 038	12	270	»	90 865	10
221	»	74 375	»	271	»	91 201	11
222	»	74 711	1	272	»	91 538	12
223	»	75 048	2	273	»	91 875	»
224	»	75 384	3	274	»	92 211	1
225	»	75 721	4	275	»	92 548	2
226	»	76 057	5	276	»	92 884	3
227	»	76 394	6	277	»	93 221	4
228	»	76 730	7	278	»	93 557	5
229	»	77 067	8	279	»	93 894	6
230	»	77 403	9	280	»	94 230	7
231	»	77 740	10	281	»	94 567	8
232	»	78 076	11	282	»	94 903	9
233	»	78 413	12	283	»	95 240	10
234	»	78 750	»	284	»	95 576	11
235	»	79 086	1	285	»	95 913	12
236	»	79 423	2	286	»	96 250	»
237	»	79 759	3	287	»	96 586	1
238	»	80 096	4	288	»	96 923	2
239	»	80 432	5	289	»	97 259	3
240	»	80 769	6	290	»	97 596	4
241	»	81 105	7	291	»	97 932	5
242	»	81 442	8	292	»	98 269	6
243	»	81 778	9	293	»	98 605	7
244	»	82 115	10	294	»	98 942	8
245	»	82 451	11	295	»	99 278	9
246	»	82 788	12	296	»	99 615	10
247	»	83 125	»	297	»	99 951	11
248	»	83 461	1	298	1	00 288	12
249	»	83 798	2	299	1	00 625	»
250	»	84 134	3	300	1	00 961	1

nos	Périodes
1	538461
2	076923
3	615384
4	153846
5	692307
6	230769
7	769230
8	307692
9	846153
10	384615
11	923076
12	461538

n°s	Périodes
1	846153
2	692307
3	538461
4	384615
5	230769
6	076923
7	923076
8	769230
9	615384
10	461538
11	307692
12	153846

Sommes	Intérêts f.	c.	n°s	Sommes	Intérêts f.	c.	n°s
1	»	» » 403	1	51	»	20 596	12
2	»	» » 807	2	52	»	21 000	»
3	»	01 211	3	53	»	21 403	1
4	»	01 615	4	54	»	21 807	2
5	»	02 019	5	55	»	22 211	3
6	»	02 423	6	56	»	22 615	4
7	»	02 826	7	57	»	23 019	5
8	»	03 230	8	58	»	23 423	6
9	»	03 634	9	59	»	23 826	7
10	»	04 038	10	60	»	24 230	8
11	»	04 442	11	61	»	24 634	9
12	»	04 846	12	62	»	25 038	10
13	»	05 250	»	63	»	25 442	11
14	»	05 653	1	64	»	25 846	12
15	»	06 057	2	65	»	26 250	»
16	»	06 461	3	66	»	26 653	1
17	»	06 865	4	67	»	27 057	2
18	»	07 269	5	68	»	27 461	3
19	»	07 673	6	69	»	27 865	4
20	»	08 076	7	70	»	28 269	5
21	»	08 480	8	71	»	28 673	6
22	»	08 884	9	72	»	29 076	7
23	»	09 288	10	73	»	29 481	8
24	»	09 692	11	74	»	29 884	9
25	»	10 096	12	75	»	30 288	10
26	»	10 500	»	76	»	30 692	11
27	»	10 903	1	77	»	31 096	12
28	»	11 307	2	78	»	31 500	»
29	»	11 711	3	79	»	31 903	1
30	»	12 115	4	80	»	32 307	2
31	»	12 519	5	81	»	32 711	3
32	»	12 923	6	82	»	33 115	4
33	»	13 326	7	83	»	33 519	5
34	»	13 730	8	84	»	33 923	6
35	»	14 134	9	85	»	34 326	7
36	»	14 538	10	86	»	34 730	8
37	»	14 942	11	87	»	35 134	9
38	»	15 346	12	88	»	35 538	10
39	»	15 750	»	89	»	35 942	11
40	»	16 153	1	90	»	36 346	12
41	»	16 557	2	91	»	36 750	»
42	»	16 961	3	92	»	37 153	1
43	»	17 365	4	93	»	37 557	2
44	»	17 769	5	94	»	37 961	3
45	»	18 173	6	95	»	38 365	4
46	»	18 576	7	96	»	38 769	5
47	»	18 980	8	97	»	39 173	6
48	»	19 384	9	98	»	39 576	7
49	»	19 788	10	99	»	39 980	8
50	»	20 192	11	100	»	40 384	9

Sommes	Intérêts f.	c.	n°s	Sommes	Intérêts f.	c.	n°s
101	»	40 788	10	151	»	60 980	8
102	»	41 192	11	152	»	61 384	9
103	»	41 596	12	153	»	61 788	10
104	»	42 000	»	154	»	62 192	11
105	»	42 403	1	155	»	62 596	12
106	»	42 807	2	156	»	63 000	»
107	»	43 211	3	157	»	63 403	1
108	»	43 615	4	158	»	63 807	2
109	»	44 019	5	159	»	64 211	3
110	»	44 423	6	160	»	64 615	4
111	»	44 826	7	161	»	65 029	5
112	»	45 230	8	162	»	65 423	6
113	»	45 634	9	163	»	65 826	7
114	»	46 038	10	164	»	66 230	8
115	»	46 442	11	165	»	66 634	9
116	»	46 846	12	166	»	67 038	10
117	»	47 250	»	167	»	67 442	11
118	»	47 653	1	168	»	67 846	12
119	»	48 057	2	169	»	68 250	»
120	»	48 461	3	170	»	68 653	1
121	»	48 865	4	171	»	69 057	2
122	»	49 269	5	172	»	69 461	3
123	»	49 673	6	173	»	69 865	4
124	»	50 076	7	174	»	70 269	5
125	»	50 480	8	175	»	70 673	6
126	»	50 884	9	176	»	71 076	7
127	»	51 288	10	177	»	71 480	8
128	»	51 692	11	178	»	71 884	9
129	»	52 096	12	179	»	72 288	10
130	»	52 500	»	180	»	72 692	11
131	»	52 903	1	181	»	73 096	12
132	»	53 307	2	182	»	73 500	»
133	»	53 711	3	183	»	73 903	1
134	»	54 115	4	184	»	74 307	2
135	»	54 519	5	185	»	74 711	3
136	»	54 923	6	186	»	75 115	4
137	»	55 326	7	187	»	75 519	5
138	»	55 730	8	188	»	75 923	6
139	»	56 134	9	189	»	76 326	7
140	»	56 538	10	190	»	76 730	8
141	»	56 942	11	191	»	77 134	9
142	»	57 346	12	192	»	77 538	10
143	»	57 750	»	193	»	77 942	11
144	»	58 153	1	194	»	78 346	12
145	»	58 557	2	195	»	78 750	»
146	»	58 961	3	196	»	79 153	1
147	»	59 365	4	197	»	79 557	2
148	»	59 769	5	198	»	79 961	3
149	»	60 173	6	199	»	80 365	4
150	»	60 576	7	200	»	80 769	5

Sommes	Intérêts f.	c.	n°s	Sommes	Intérêts f.	c.	n°s
201	»	81 173	6	251	1	01 365	4
202	»	81 576	7	252	1	01 769	5
203	»	81 980	8	253	1	02 173	6
204	»	82 384	9	254	1	02 576	7
205	»	82 788	10	255	1	02 980	8
206	»	83 192	11	256	1	03 384	9
207	»	83 596	12	257	1	03 788	10
208	»	84 000	»	258	1	04 192	11
209	»	84 403	1	259	1	04 596	12
210	»	84 807	2	260	1	05 000	»
211	»	85 211	3	261	1	05 403	1
212	»	85 615	4	262	1	05 807	2
213	»	86 019	5	263	1	06 211	3
214	»	86 423	6	264	1	06 615	4
215	»	86 826	7	265	1	07 019	5
216	»	87 230	8	266	1	07 423	6
217	»	87 634	9	267	1	07 826	7
218	»	88 038	10	268	1	08 230	8
219	»	88 442	11	269	1	08 634	9
220	»	88 846	12	270	1	09 038	10
221	»	89 250	»	271	1	09 442	11
222	»	89 653	1	272	1	09 846	12
223	»	90 057	2	273	1	10 250	»
224	»	90 461	3	274	1	10 653	1
225	»	90 865	4	275	1	11 057	2
226	»	91 269	5	276	1	11 461	3
227	»	91 673	6	277	1	11 865	4
228	»	92 076	7	278	1	12 269	5
229	»	92 480	8	279	1	12 673	6
230	»	92 884	9	280	1	13 076	7
231	»	93 288	10	281	1	13 480	8
232	»	93 692	11	282	1	13 884	9
233	»	94 096	12	283	1	14 288	10
234	»	94 500	»	284	1	14 692	11
235	»	94 903	1	285	1	15 096	12
236	»	95 307	2	286	1	15 500	»
237	»	95 711	3	287	1	15 903	1
238	»	96 115	4	288	1	16 307	2
239	»	96 519	5	289	1	16 711	3
240	»	96 923	6	290	1	17 115	4
241	»	97 326	7	291	1	17 519	5
242	»	97 730	8	292	1	17 923	6
243	»	98 134	9	293	1	18 326	7
244	»	98 538	10	294	1	18 730	8
245	»	98 942	11	295	1	19 134	9
246	»	99 346	12	296	1	19 538	10
247	»	99 750	»	297	1	19 942	11
248	1	00 153	1	298	1	20 346	12
249	1	00 557	2	299	1	20 750	»
250	1	00 961	3	300	1	21 153	1

Sommes	f.	c.	nos	Sommes	f.	c.	nos
1	»	» 471	1	51	»	24 028	12
2	»	» 942	2	52	»	24 500	»
3	»	01 413	3	53	»	24 971	1
4	»	01 884	4	54	»	25 442	2
5	»	02 355	5	55	»	25 913	3
6	»	02 826	6	56	»	26 384	4
7	»	03 298	7	57	»	26 855	5
8	»	03 769	8	58	»	27 326	6
9	»	04 240	9	59	»	27 798	7
10	»	04 711	10	60	»	28 269	8
11	»	05 182	11	61	»	28 740	9
12	»	05 653	12	62	»	29 211	10
13	»	06 125	»	63	»	29 682	11
14	»	06 596	1	64	»	30 153	12
15	»	07 067	2	65	»	30 625	»
16	»	07 538	3	66	»	31 096	1
17	»	08 009	4	67	»	31 567	2
18	»	08 480	5	68	»	32 038	3
19	»	08 951	6	69	»	32 509	4
20	»	09 423	7	70	»	32 980	5
21	»	09 894	8	71	»	33 451	6
22	»	10 365	9	72	»	33 923	7
23	»	10 836	10	73	»	34 394	8
24	»	11 307	11	74	»	34 865	9
25	»	11 778	12	75	»	35 336	10
26	»	12 250	»	76	»	35 807	11
27	»	12 721	1	77	»	36 278	12
28	»	13 192	2	78	»	36 750	»
29	»	13 663	3	79	»	37 221	1
30	»	14 134	4	80	»	37 692	2
31	»	14 605	5	81	»	38 163	3
32	»	15 076	6	82	»	38 634	4
33	»	15 548	7	83	»	39 105	5
34	»	16 019	8	84	»	39 576	6
35	»	16 490	9	85	»	40 048	7
36	»	16 961	10	86	»	40 519	8
37	»	17 432	11	87	»	40 990	9
38	»	17 903	12	88	»	41 461	10
39	»	18 375	»	89	»	41 932	11
40	»	18 846	1	90	»	42 403	12
41	»	19 317	2	91	»	42 875	»
42	»	19 788	3	92	»	43 346	1
43	»	20 259	4	93	»	43 817	2
44	»	20 730	5	94	»	44 288	3
45	»	21 201	6	95	»	44 759	4
46	»	21 673	7	96	»	45 230	5
47	»	22 144	8	97	»	45 701	6
48	»	22 615	9	98	»	46 173	7
49	»	23 086	10	99	»	46 644	8
50	»	23 557	11	100	»	47 115	9

Sommes	f.	c.	nos	Sommes	f.	c.	nos
101	»	47 586	10	151	»	71 144	8
102	»	48 057	11	152	»	71 615	9
103	»	48 528	12	153	»	72 086	10
104	»	49 000	»	154	»	72 557	11
105	»	49 471	1	155	»	73 028	12
106	»	49 942	2	156	»	73 500	»
107	»	50 413	3	157	»	73 971	1
108	»	50 884	4	158	»	74 442	2
109	»	51 355	5	159	»	74 913	3
110	»	51 826	6	160	»	75 384	4
111	»	52 298	7	161	»	75 855	5
112	»	52 769	8	162	»	76 326	6
113	»	53 240	9	163	»	76 798	7
114	»	53 711	10	164	»	77 269	8
115	»	54 182	11	165	»	77 740	9
116	»	54 653	12	166	»	78 211	10
117	»	55 125	»	167	»	78 682	11
118	»	55 596	1	168	»	79 153	12
119	»	56 067	2	169	»	79 625	»
120	»	56 538	3	170	»	80 096	1
121	»	57 009	4	171	»	80 567	2
122	»	57 480	5	172	»	81 038	3
123	»	57 951	6	173	»	81 509	4
124	»	58 423	7	174	»	81 980	5
125	»	58 894	8	175	»	82 451	6
126	»	59 365	9	176	»	82 923	7
127	»	59 836	10	177	»	83 394	8
128	»	60 307	11	178	»	83 865	9
129	»	60 778	12	179	»	84 336	10
130	»	61 250	»	180	»	84 807	11
131	»	61 721	1	181	»	85 278	12
132	»	62 192	2	182	»	85 750	»
133	»	62 663	3	183	»	86 221	1
134	»	63 134	4	184	»	86 692	2
135	»	63 605	5	185	»	87 163	3
136	»	64 076	6	186	»	87 634	4
137	»	64 548	7	187	»	88 105	5
138	»	65 019	8	188	»	88 576	6
139	»	65 490	9	189	»	89 048	7
140	»	65 961	10	190	»	89 519	8
141	»	66 432	11	191	»	89 990	9
142	»	66 903	12	192	»	90 461	10
143	»	67 375	»	193	»	90 932	11
144	»	67 846	1	194	»	91 403	12
145	»	68 317	2	195	»	91 875	»
146	»	68 788	3	196	»	92 346	1
147	»	69 259	4	197	»	92 817	2
148	»	69 730	5	198	»	93 288	3
149	»	70 201	6	199	»	93 759	4
150	»	70 673	7	200	»	94 230	5

Sommes	f.	c.	nos	Sommes	f.	c.	nos
201	»	94 701	6	251	1	18 259	4
202	»	95 173	7	252	1	18 730	5
203	»	95 644	8	253	1	19 201	6
204	»	96 115	9	254	1	19 673	7
205	»	96 586	10	255	1	20 144	8
206	»	97 057	11	256	1	20 615	9
207	»	97 528	12	257	1	21 086	10
208	»	98 000	»	258	1	21 557	11
209	»	98 471	1	259	1	22 028	12
210	»	98 942	2	260	1	22 500	»
211	»	99 413	3	261	1	22 971	1
212	»	99 884	4	262	1	23 442	2
213	1	00 355	5	263	1	23 913	3
214	1	00 826	6	264	1	24 384	4
215	1	01 298	7	265	1	24 855	5
216	1	01 769	8	266	1	25 326	6
217	1	02 240	9	267	1	25 798	7
218	1	02 711	10	268	1	26 269	8
219	1	03 182	11	269	1	26 740	9
220	1	03 653	12	270	1	27 211	10
221	1	04 125	»	271	1	27 682	11
222	1	04 596	1	272	1	28 153	12
223	1	05 067	2	273	1	28 625	»
224	1	05 538	3	274	1	29 096	1
225	1	06 009	4	275	1	29 567	2
226	1	06 480	5	276	1	30 038	3
227	1	06 951	6	277	1	30 509	4
228	1	07 423	7	278	1	30 980	5
229	1	07 894	8	279	1	31 451	6
230	1	08 365	9	280	1	31 923	7
231	1	08 836	10	281	1	32 394	8
232	1	09 307	11	282	1	32 865	9
233	1	09 778	12	283	1	33 336	10
234	1	10 250	»	284	1	33 807	11
235	1	10 721	1	285	1	34 278	12
236	1	11 192	2	286	1	34 750	»
237	1	11 663	3	287	1	35 221	1
238	1	12 134	4	288	1	35 692	2
239	1	12 605	5	289	1	36 163	3
240	1	13 076	6	290	1	36 634	4
241	1	13 548	7	291	1	37 105	5
242	1	14 019	8	292	1	37 576	6
243	1	14 490	9	293	1	38 048	7
244	1	14 961	10	294	1	38 519	8
245	1	15 432	11	295	1	38 990	9
246	1	15 903	12	296	1	39 461	10
247	1	16 375	»	297	1	39 932	11
248	1	16 846	1	298	1	40 403	12
249	1	17 317	2	299	1	40 875	»
250	1	17 788	3	300	1	41 346	1

nos	Périodes
1	153846
2	307692
3	461538
4	615384
5	769230
6	923076
7	076923
8	230769
9	384615
10	538461
11	692307
12	846153

n°ˢ	Périodes
1	461538
2	923076
3	384615
4	846153
5	307692
6	769230
7	230769
8	692307
9	153846
10	615384
11	076923
12	538461

Sommes.	Intérêts.		n°ˢ	Sommes.	Intérêts.		n°ˢ
	f.	c.			f.	c.	
1	»	» 538	1	51	»	27 461	12
2	»	01 076	2	52	»	28 000	»
3	»	01 615	3	53	»	28 538	1
4	»	02 153	4	54	»	29 076	2
5	»	02 692	5	55	»	29 615	3
6	»	03 230	6	56	»	30 153	4
7	»	03 769	7	57	»	30 692	5
8	»	04 307	8	58	»	31 230	6
9	»	04 846	9	59	»	31 769	7
10	»	05 384	10	60	»	32 307	8
11	»	05 923	11	61	»	32 846	9
12	»	06 461	12	62	»	33 384	10
13	»	07 000	»	63	»	33 923	11
14	»	07 538	1	64	»	34 461	12
15	»	08 076	2	65	»	35 000	»
16	»	08 615	3	66	»	35 538	1
17	»	09 153	4	67	»	36 076	2
18	»	09 692	5	68	»	36 615	3
19	»	10 230	6	69	»	37 153	4
20	»	10 769	7	70	»	37 692	5
21	»	11 307	8	71	»	38 230	6
22	»	11 846	9	72	»	38 769	7
23	»	12 384	10	73	»	39 307	8
24	»	12 923	11	74	»	39 846	9
25	»	13 461	12	75	»	40 384	10
26	»	14 000	»	76	»	40 923	11
27	»	14 538	1	77	»	41 461	12
28	»	15 076	2	78	»	42 000	»
29	»	15 615	3	79	»	42 538	1
30	»	16 153	4	80	»	43 076	2
31	»	16 692	5	81	»	43 615	3
32	»	17 230	6	82	»	44 153	4
33	»	17 769	7	83	»	44 692	5
34	»	18 307	8	84	»	45 230	6
35	»	18 846	9	85	»	45 769	7
36	»	19 384	10	86	»	46 307	8
37	»	19 923	11	87	»	46 846	9
38	»	20 461	12	88	»	47 384	10
39	»	21 000	»	89	»	47 923	11
40	»	21 538	1	90	»	48 461	12
41	»	22 076	2	91	»	49 000	»
42	»	22 615	3	92	»	49 538	1
43	»	23 153	4	93	»	50 076	2
44	»	23 692	5	94	»	50 615	3
45	»	24 230	6	95	»	51 153	4
46	»	24 769	7	96	»	51 692	5
47	»	25 307	8	97	»	52 230	6
48	»	25 846	9	98	»	52 769	7
49	»	26 384	10	99	»	53 307	8
50	»	26 923	11	100	»	53 846	9

Sommes.	Intérêts.		n°ˢ	Sommes.	Intérêts.		n°ˢ
	f.	c.			f.	c.	
101	»	54 384	10	151	»	81 307	8
102	»	54 923	11	152	»	81 846	9
103	»	55 461	12	153	»	82 384	10
104	»	56 000	»	154	»	82 923	11
105	»	56 538	1	155	»	83 461	12
106	»	57 076	2	156	»	84 000	»
107	»	57 615	3	157	»	84 538	1
108	»	58 153	4	158	»	85 076	2
109	»	58 692	5	159	»	85 615	3
110	»	59 230	6	160	»	86 153	4
111	»	59 769	7	161	»	86 692	5
112	»	60 307	8	162	»	87 230	6
113	»	60 846	9	163	»	87 769	7
114	»	61 384	10	164	»	88 307	8
115	»	61 923	11	165	»	88 846	9
116	»	62 461	12	166	»	89 384	10
117	»	63 000	»	167	»	89 923	11
118	»	63 538	1	168	»	90 461	12
119	»	64 076	2	169	»	91 000	»
120	»	64 615	3	170	»	91 538	1
121	»	65 153	4	171	»	92 076	2
122	»	65 692	5	172	»	92 615	3
123	»	66 230	6	173	»	93 153	4
124	»	66 769	7	174	»	93 692	5
125	»	67 307	8	175	»	94 230	6
126	»	67 846	9	176	»	94 769	7
127	»	68 384	10	177	»	95 307	8
128	»	68 923	11	178	»	95 846	9
129	»	69 461	12	179	»	96 384	10
130	»	70 000	»	180	»	96 923	11
131	»	70 538	1	181	»	97 461	12
132	»	71 076	2	182	»	98 000	»
133	»	71 615	3	183	»	98 538	1
134	»	72 153	4	184	»	99 076	2
135	»	72 692	5	185	»	99 615	3
136	»	73 230	6	186	1	00 153	4
137	»	73 769	7	187	1	00 692	5
138	»	74 307	8	188	1	01 230	6
139	»	74 846	9	189	1	01 769	7
140	»	75 384	10	190	1	02 307	8
141	»	75 923	11	191	1	02 846	9
142	»	76 461	12	192	1	03 384	10
143	»	77 000	»	193	1	03 923	11
144	»	77 538	1	194	1	04 461	12
145	»	78 076	2	195	1	05 000	»
146	»	78 615	3	196	1	05 538	1
147	»	79 153	4	197	1	06 076	2
148	»	79 692	5	198	1	06 615	3
149	»	80 230	6	199	1	07 153	4
150	»	80 769	7	200	1	07 692	5

Sommes.	Intérêts.		n°ˢ	Sommes.	Intérêts.		n°ˢ
	f.	c.			f.	c.	
201	1	08 230	6	251	1	35 153	4
202	1	08 769	7	252	1	35 692	5
203	1	09 307	8	253	1	36 230	6
204	1	09 846	9	254	1	36 769	7
205	1	10 384	10	255	1	37 307	8
206	1	10 923	11	256	1	37 846	9
207	1	11 461	12	257	1	38 384	10
208	1	12 000	»	258	1	38 923	11
209	1	12 538	1	259	1	39 461	12
210	1	13 076	2	260	1	40 000	»
211	1	13 615	3	261	1	40 538	1
212	1	14 153	4	262	1	41 076	2
213	1	14 692	5	263	1	41 615	3
214	1	15 230	6	264	1	42 153	4
215	1	15 769	7	265	1	42 692	5
216	1	16 307	8	266	1	43 230	6
217	1	16 846	9	267	1	43 769	7
218	1	17 384	10	268	1	44 307	8
219	1	17 923	11	269	1	44 846	9
220	1	18 461	12	270	1	45 384	10
221	1	19 000	»	271	1	45 923	11
222	1	19 538	1	272	1	46 461	12
223	1	20 076	2	273	1	47 000	»
224	1	20 615	3	274	1	47 538	1
225	1	21 153	4	275	1	48 076	2
226	1	21 692	5	276	1	48 615	3
227	1	22 230	6	277	1	49 153	4
228	1	22 769	7	278	1	49 692	5
229	1	23 307	8	279	1	50 230	6
230	1	23 846	9	280	1	50 769	7
231	1	24 384	10	281	1	51 307	8
232	1	24 923	11	282	1	51 846	9
233	1	25 461	12	283	1	52 384	10
234	1	26 000	»	284	1	52 923	11
235	1	26 538	1	285	1	53 461	12
236	1	27 076	2	286	1	54 000	»
237	1	27 615	3	287	1	54 538	1
238	1	28 153	4	288	1	55 076	2
239	1	28 692	5	289	1	55 615	3
240	1	29 230	6	290	1	56 153	4
241	1	29 769	7	291	1	56 692	5
242	1	30 307	8	292	1	57 230	6
243	1	30 846	9	293	1	57 769	7
244	1	31 384	10	294	1	58 307	8
245	1	31 923	11	295	1	58 846	9
246	1	32 461	12	296	1	59 384	10
247	1	33 000	»	297	1	59 923	11
248	1	33 538	1	298	1	60 461	12
249	1	34 076	2	299	1	61 000	»
250	1	34 615	3	300	1	61 538	1

Sommes	Intérêts (f. c.)	n°s
1	» » 605	1
2	» 01 211	2
3	» 01 817	3
4	» 02 423	4
5	» 03 028	5
6	» 03 634	6
7	» 04 240	7
8	» 04 846	8
9	» 05 451	9
10	» 06 057	10
11	» 06 663	11
12	» 07 269	12
13	» 07 875	»
14	» 08 480	1
15	» 09 086	2
16	» 09 692	3
17	» 10 298	4
18	» 10 903	5
19	» 11 509	6
20	» 12 115	7
21	» 12 721	8
22	» 13 326	9
23	» 13 932	10
24	» 14 538	11
25	» 15 144	12
26	» 15 750	»
27	» 16 355	1
28	» 16 961	2
29	» 17 567	3
30	» 18 173	4
31	» 18 778	5
32	» 19 384	6
33	» 19 990	7
34	» 20 596	8
35	» 21 201	9
36	» 21 807	10
37	» 22 413	11
38	» 23 019	12
39	» 23 625	»
40	» 24 230	1
41	» 24 836	2
42	» 25 442	3
43	» 26 048	4
44	» 26 653	5
45	» 27 259	6
46	» 27 865	7
47	» 28 471	8
48	» 29 076	9
49	» 29 682	10
50	» 30 288	11

Sommes	Intérêts (f. c.)	n°s
51	» 30 894	12
52	» 31 500	»
53	» 32 105	1
54	» 32 711	2
55	» 33 317	3
56	» 33 923	4
57	» 34 528	5
58	» 35 134	6
59	» 35 740	7
60	» 36 346	8
61	» 36 951	9
62	» 37 557	10
63	» 38 163	11
64	» 38 769	12
65	» 39 375	»
66	» 39 980	1
67	» 40 586	2
68	» 41 192	3
69	» 41 798	4
70	» 42 403	5
71	» 43 009	6
72	» 43 615	7
73	» 44 221	8
74	» 44 826	9
75	» 45 432	10
76	» 46 038	11
77	» 46 644	12
78	» 47 250	»
79	» 47 855	1
80	» 48 461	2
81	» 49 067	3
82	» 49 673	4
83	» 50 278	5
84	» 50 884	6
85	» 51 490	7
86	» 52 096	8
87	» 52 701	9
88	» 53 307	10
89	» 53 913	11
90	» 54 519	12
91	» 55 125	»
92	» 55 730	1
93	» 56 336	2
94	» 56 942	3
95	» 57 548	4
96	» 58 153	5
97	» 58 759	6
98	» 59 365	7
99	» 59 971	8
100	» 60 576	9

Sommes	Intérêts (f. c.)	n°s
101	» 61 182	10
102	» 61 788	11
103	» 62 394	12
104	» 63 000	»
105	» 63 605	1
106	» 64 211	2
107	» 64 817	3
108	» 65 423	4
109	» 66 028	5
110	» 66 634	6
111	» 67 240	7
112	» 67 846	8
113	» 68 451	9
114	» 69 057	10
115	» 69 663	11
116	» 70 269	12
117	» 70 875	»
118	» 71 480	1
119	» 72 086	2
120	» 72 692	3
121	» 73 298	4
122	» 73 903	5
123	» 74 509	6
124	» 75 115	7
125	» 75 721	8
126	» 76 326	9
127	» 76 932	10
128	» 77 538	11
129	» 78 144	12
130	» 78 750	»
131	» 79 355	1
132	» 79 961	2
133	» 80 567	3
134	» 81 173	4
135	» 81 778	5
136	» 82 384	6
137	» 82 990	7
138	» 83 596	8
139	» 84 201	9
140	» 84 807	10
141	» 85 413	11
142	» 86 019	12
143	» 86 625	»
144	» 87 230	1
145	» 87 836	2
146	» 88 442	3
147	» 89 048	4
148	» 89 653	5
149	» 90 259	6
150	» 90 865	7

Sommes	Intérêts (f. c.)	n°s
151	» 91 471	8
152	» 92 076	9
153	» 92 682	10
154	» 93 288	11
155	» 93 894	12
156	» 94 500	»
157	» 95 105	1
158	» 95 711	2
159	» 96 317	3
160	» 96 923	4
161	» 97 528	5
162	» 98 134	6
163	» 98 740	7
164	» 99 346	8
165	» 99 951	9
166	1 00 557	10
167	1 01 163	11
168	1 01 769	12
169	1 02 375	»
170	1 02 980	1
171	1 03 586	2
172	1 04 192	3
173	1 04 798	4
174	1 05 403	5
175	1 06 009	6
176	1 06 615	7
177	1 07 221	8
178	1 07 826	9
179	1 08 432	10
180	1 09 038	11
181	1 09 644	12
182	1 10 250	»
183	1 10 855	1
184	1 11 461	2
185	1 12 067	3
186	1 12 673	4
187	1 13 278	5
188	1 13 884	6
189	1 14 490	7
190	1 15 096	8
191	1 15 701	9
192	1 16 307	10
193	1 16 913	11
194	1 17 519	12
195	1 18 125	»
196	1 18 730	1
197	1 19 336	2
198	1 19 942	3
199	1 20 548	4
200	1 21 153	5

Sommes	Intérêts (f. c.)	n°s
201	1 21 759	6
202	1 22 365	7
203	1 22 971	8
204	1 23 576	9
205	1 24 182	10
206	1 24 788	11
207	1 25 394	12
208	1 26 000	»
209	1 26 605	1
210	1 27 211	2
211	1 27 817	3
212	1 28 423	4
213	1 29 028	5
214	1 29 634	6
215	1 30 240	7
216	1 30 846	8
217	1 31 451	9
218	1 32 057	10
219	1 32 663	11
220	1 33 269	12
221	1 33 875	»
222	1 34 480	1
223	1 35 086	2
224	1 35 692	3
225	1 36 298	4
226	1 36 903	5
227	1 37 509	6
228	1 38 115	7
229	1 38 721	8
230	1 39 326	9
231	1 39 932	10
232	1 40 538	11
233	1 41 144	12
234	1 41 750	»
235	1 42 355	1
236	1 42 961	2
237	1 43 567	3
238	1 44 173	4
239	1 44 778	5
240	1 45 384	6
241	1 45 990	7
242	1 46 596	8
243	1 47 201	9
244	1 47 807	10
245	1 48 413	11
246	1 49 019	12
247	1 49 625	»
248	1 50 230	1
249	1 50 836	2
250	1 51 442	3

Sommes	Intérêts (f. c.)	n°s
251	1 52 048	4
252	1 52 653	5
253	1 53 259	6
254	1 53 865	7
255	1 54 471	8
256	1 55 076	9
257	1 55 682	10
258	1 56 288	11
259	1 56 894	12
260	1 57 500	»
261	1 58 105	1
262	1 58 711	2
263	1 59 317	3
264	1 59 923	4
265	1 60 528	5
266	1 61 134	6
267	1 61 740	7
268	1 62 346	8
269	1 62 951	9
270	1 63 557	10
271	1 64 163	11
272	1 64 769	12
273	1 65 375	»
274	1 65 980	1
275	1 66 586	2
276	1 67 192	3
277	1 67 798	4
278	1 68 403	5
279	1 69 009	6
280	1 69 615	7
281	1 70 221	8
282	1 70 826	9
283	1 71 432	10
284	1 72 038	11
285	1 72 644	12
286	1 73 250	»
287	1 73 855	1
288	1 74 461	2
289	1 75 067	3
290	1 75 673	4
291	1 76 278	5
292	1 76 884	6
293	1 77 490	7
294	1 78 096	8
295	1 78 701	9
296	1 79 307	10
297	1 79 913	11
298	1 80 519	12
299	1 81 125	»
300	1 81 730	1

n°s	Périodes
1	769230
2	538461
3	307692
4	076923
5	846153
6	615384
7	384615
8	153846
9	923076
10	692307
11	461538
12	230769

n°s	Périodes
1	076923
2	153846
3	230769
4	307692
5	384615
6	461538
7	538461
8	615384
9	692307
10	769230
11	846153
12	923076

Sommes	Intérêts f.	Intérêts c.	n°s	Sommes	Intérêts f.	Intérêts c.	n°s
1	»	» 673	1	51	»	34 326	12
2	»	01 346	2	52	»	35 000	»
3	»	02 019	3	53	»	35 673	1
4	»	02 692	4	54	»	36 346	2
5	»	03 365	5	55	»	37 019	3
6	»	04 038	6	56	»	37 692	4
7	»	04 711	7	57	»	38 365	5
8	»	05 384	8	58	»	39 038	6
9	»	06 057	9	59	»	39 711	7
10	»	06 730	10	60	»	40 384	8
11	»	07 403	11	61	»	41 057	9
12	»	08 076	12	62	»	41 730	10
13	»	08 750	»	63	»	42 403	11
14	»	09 423	1	64	»	43 076	12
15	»	10 096	2	65	»	43 750	»
16	»	10 769	3	66	»	44 423	1
17	»	11 442	4	67	»	45 096	2
18	»	12 115	5	68	»	45 769	3
19	»	12 788	6	69	»	46 442	4
20	»	13 461	7	70	»	47 115	5
21	»	14 134	8	71	»	47 788	6
22	»	14 807	9	72	»	48 461	7
23	»	15 480	10	73	»	49 134	8
24	»	16 153	11	74	»	49 807	9
25	»	16 826	12	75	»	50 480	10
26	»	17 500	»	76	»	51 153	11
27	»	18 173	1	77	»	51 826	12
28	»	18 846	2	78	»	52 500	»
29	»	19 519	3	79	»	53 173	1
30	»	20 192	4	80	»	53 846	2
31	»	20 865	5	81	»	54 519	3
32	»	21 538	6	82	»	55 192	4
33	»	22 211	7	83	»	55 865	5
34	»	22 884	8	84	»	56 538	6
35	»	23 557	9	85	»	57 211	7
36	»	24 230	10	86	»	57 884	8
37	»	24 903	11	87	»	58 557	9
38	»	25 576	12	88	»	59 230	10
39	»	26 250	»	89	»	59 903	11
40	»	26 923	1	90	»	60 576	12
41	»	27 596	2	91	»	61 250	»
42	»	28 269	3	92	»	61 923	1
43	»	28 942	4	93	»	62 596	2
44	»	29 615	5	94	»	63 269	3
45	»	30 288	6	95	»	63 942	4
46	»	30 961	7	96	»	64 615	5
47	»	31 634	8	97	»	65 288	6
48	»	32 307	9	98	»	65 961	7
49	»	32 980	10	99	»	66 634	8
50	»	33 653	11	100	»	67 307	9

Sommes	Intérêts f.	Intérêts c.	n°s	Sommes	Intérêts f.	Intérêts c.	n°s
101	»	67 980	10	151	1	01 634	8
102	»	68 653	11	152	1	02 307	9
103	»	69 326	12	153	1	02 980	10
104	»	70 000	»	154	1	03 653	11
105	»	70 673	1	155	1	04 326	12
106	»	71 346	2	156	1	05 000	»
107	»	72 019	3	157	1	05 673	1
108	»	72 692	4	158	1	06 346	2
109	»	73 365	5	159	1	07 019	3
110	»	74 038	6	160	1	07 692	4
111	»	74 711	7	161	1	08 365	5
112	»	75 384	8	162	1	09 038	6
113	»	76 057	9	163	1	09 711	7
114	»	76 730	10	164	1	10 384	8
115	»	77 403	11	165	1	11 057	9
116	»	78 076	12	166	1	11 730	10
117	»	78 750	»	167	1	12 403	11
118	»	79 423	1	168	1	13 076	12
119	»	80 096	2	169	1	13 750	»
120	»	80 769	3	170	1	14 423	1
121	»	81 442	4	171	1	15 096	2
122	»	82 115	5	172	1	15 769	3
123	»	82 788	6	173	1	16 442	4
124	»	83 461	7	174	1	17 115	5
125	»	84 134	8	175	1	17 788	6
126	»	84 807	9	176	1	18 461	7
127	»	85 480	10	177	1	19 134	8
128	»	86 153	11	178	1	19 807	9
129	»	86 826	12	179	1	20 480	10
130	»	87 500	»	180	1	21 153	11
131	»	88 173	1	181	1	21 826	12
132	»	88 846	2	182	1	22 500	»
133	»	89 519	3	183	1	23 173	1
134	»	90 192	4	184	1	23 846	2
135	»	90 865	5	185	1	24 519	3
136	»	91 538	6	186	1	25 192	4
137	»	92 211	7	187	1	25 865	5
138	»	92 884	8	188	1	26 538	6
139	»	93 557	9	189	1	27 211	7
140	»	94 230	10	190	1	27 884	8
141	»	94 903	11	191	1	28 557	9
142	»	95 576	12	192	1	29 230	10
143	»	96 250	»	193	1	29 903	11
144	»	96 923	1	194	1	30 576	12
145	»	97 596	2	195	1	31 250	»
146	»	98 269	3	196	1	31 923	1
147	»	98 942	4	197	1	32 596	2
148	»	99 615	5	198	1	33 269	3
149	1	00 288	6	199	1	33 942	4
150	1	00 961	7	200	1	34 615	5

Sommes	Intérêts f.	Intérêts c.	n°s	Sommes	Intérêts f.	Intérêts c.	n°s
201	1	35 288	6	251	1	68 942	4
202	1	35 961	7	252	1	69 615	5
203	1	36 634	8	253	1	70 288	6
204	1	37 307	9	254	1	70 961	7
205	1	37 980	10	255	1	71 634	8
206	1	38 653	11	256	1	72 307	9
207	1	39 326	12	257	1	72 980	10
208	1	40 000	»	258	1	73 653	11
209	1	40 673	1	259	1	74 326	12
210	1	41 346	2	260	1	75 000	»
211	1	42 019	3	261	1	75 673	1
212	1	42 692	4	262	1	76 346	2
213	1	43 365	5	263	1	77 019	3
214	1	44 038	6	264	1	77 692	4
215	1	44 711	7	265	1	78 365	5
216	1	45 384	8	266	1	79 038	6
217	1	46 057	9	267	1	79 711	7
218	1	46 730	10	268	1	80 384	8
219	1	47 403	11	269	1	81 057	9
220	1	48 076	12	270	1	81 730	10
221	1	48 750	»	271	1	82 403	11
222	1	49 423	1	272	1	83 076	12
223	1	50 096	2	273	1	83 750	»
224	1	50 769	3	274	1	84 423	1
225	1	51 442	4	275	1	85 096	2
226	1	52 115	5	276	1	85 769	3
227	1	52 788	6	277	1	86 442	4
228	1	53 461	7	278	1	87 115	5
229	1	54 134	8	279	1	87 788	6
230	1	54 807	9	280	1	88 461	7
231	1	55 480	10	281	1	89 134	8
232	1	56 153	11	282	1	89 807	9
233	1	56 826	12	283	1	90 480	10
234	1	57 500	»	284	1	91 153	11
235	1	58 173	1	285	1	91 826	12
236	1	58 846	2	286	1	92 500	»
237	1	59 519	3	287	1	93 173	1
238	1	60 192	4	288	1	93 846	2
239	1	60 865	5	289	1	94 519	3
240	1	61 538	6	290	1	95 192	4
241	1	62 211	7	291	1	95 865	5
242	1	62 884	8	292	1	96 538	6
243	1	63 557	9	293	1	97 211	7
244	1	64 230	10	294	1	97 884	8
245	1	64 903	11	295	1	98 557	9
246	1	65 576	12	296	1	99 230	10
247	1	66 250	»	297	1	99 903	11
248	1	66 923	1	298	2	00 576	12
249	1	67 596	2	299	2	01 250	»
250	1	68 269	3	300	2	01 923	1

Sommes.	Intérêts (f. c.)	n°s	Sommes.	Intérêts (f. c.)	n°s
1	» » 740	1	51	» 37 759	12
2	» 01 480	2	52	» 38 500	»
3	» 02 221	3	53	» 39 240	1
4	» 02 961	4	54	» 39 980	2
5	» 03 701	5	55	» 40 721	3
6	» 04 442	6	56	» 41 461	4
7	» 05 182	7	57	» 42 201	5
8	» 05 923	8	58	» 42 942	6
9	» 06 663	9	59	» 43 682	7
10	» 07 403	10	60	» 44 423	8
11	» 08 144	11	61	» 45 163	9
12	» 08 884	12	62	» 45 903	10
13	» 09 625	»	63	» 46 644	11
14	» 10 365	1	64	» 47 384	12
15	» 11 105	2	65	» 48 125	»
16	» 11 846	3	66	» 48 865	1
17	» 12 586	4	67	» 49 605	2
18	» 13 326	5	68	» 50 346	3
19	» 14 067	6	69	» 51 086	4
20	» 14 807	7	70	» 51 826	5
21	» 15 548	8	71	» 52 567	6
22	» 16 288	9	72	» 53 307	7
23	» 17 028	10	73	» 54 048	8
24	» 17 769	11	74	» 54 788	9
25	» 18 509	12	75	» 55 528	10
26	» 19 250	»	76	» 56 269	11
27	» 19 990	1	77	» 57 009	12
28	» 20 730	2	78	» 57 750	»
29	» 21 471	3	79	» 58 490	1
30	» 22 211	4	80	» 59 230	2
31	» 22 951	5	81	» 59 971	3
32	» 23 692	6	82	» 60 711	4
33	» 24 432	7	83	» 61 451	5
34	» 25 173	8	84	» 62 192	6
35	» 25 913	9	85	» 62 932	7
36	» 26 653	10	86	» 63 673	8
37	» 27 394	11	87	» 64 413	9
38	» 28 134	12	88	» 65 153	10
39	» 28 875	»	89	» 65 894	11
40	» 29 615	1	90	» 66 634	12
41	» 30 355	2	91	» 67 375	»
42	» 31 096	3	92	» 68 115	1
43	» 31 836	4	93	» 68 855	2
44	» 32 576	5	94	» 69 596	3
45	» 33 317	6	95	» 70 336	4
46	» 34 057	7	96	» 71 076	5
47	» 34 798	8	97	» 71 817	6
48	» 35 538	9	98	» 72 557	7
49	» 36 278	10	99	» 73 298	8
50	» 37 019	11	100	» 74 038	9

Sommes.	Intérêts (f. c.)	n°s	Sommes.	Intérêts (f. c.)	n°s
101	» 74 778	10	151	1 11 798	8
102	» 75 519	11	152	1 12 538	9
103	» 76 259	12	153	1 13 278	10
104	» 77 000	»	154	1 14 019	11
105	» 77 740	1	155	1 14 759	12
106	» 78 480	2	156	1 15 500	»
107	» 79 221	3	157	1 16 240	1
108	» 79 961	4	158	1 16 980	2
109	» 80 701	5	159	1 17 721	3
110	» 81 442	6	160	1 18 461	4
111	» 82 182	7	161	1 19 201	5
112	» 82 923	8	162	1 19 942	6
113	» 83 663	9	163	1 20 682	7
114	» 84 403	10	164	1 21 423	8
115	» 85 144	11	165	1 22 163	9
116	» 85 884	12	166	1 22 903	10
117	» 86 625	»	167	1 23 644	11
118	» 87 365	1	168	1 24 384	12
119	» 88 105	2	169	1 25 125	»
120	» 88 846	3	170	1 25 865	1
121	» 89 586	4	171	1 26 605	2
122	» 90 326	5	172	1 27 346	3
123	» 91 067	6	173	1 28 086	4
124	» 91 807	7	174	1 28 826	5
125	» 92 548	8	175	1 29 567	6
126	» 93 288	9	176	1 30 307	7
127	» 94 028	10	177	1 31 048	8
128	» 94 769	11	178	1 31 788	9
129	» 95 509	12	179	1 32 528	10
130	» 96 250	»	180	1 33 269	11
131	» 96 990	1	181	1 34 009	12
132	» 97 730	2	182	1 34 750	»
133	» 98 471	3	183	1 35 490	1
134	» 99 211	4	184	1 36 230	2
135	» 99 951	5	185	1 36 971	3
136	1 00 692	6	186	1 37 711	4
137	1 01 432	7	187	1 38 451	5
138	1 02 173	8	188	1 39 192	6
139	1 02 913	9	189	1 39 932	7
140	1 03 653	10	190	1 40 673	8
141	1 04 394	11	191	1 41 413	9
142	1 05 134	12	192	1 42 153	10
143	1 05 875	»	193	1 42 894	11
144	1 06 615	1	194	1 43 634	12
145	1 07 355	2	195	1 44 375	»
146	1 08 096	3	196	1 45 115	1
147	1 08 836	4	197	1 45 855	2
148	1 09 576	5	198	1 46 596	3
149	1 10 317	6	199	1 47 336	4
150	1 11 057	7	200	1 48 076	5

Sommes.	Intérêts (f. c.)	n°s	Sommes.	Intérêts (f. c.)	n°s
201	1 48 817	6	251	1 85 836	4
202	1 49 557	7	252	1 86 576	5
203	1 50 298	8	253	1 87 317	6
204	1 51 038	9	254	1 88 057	7
205	1 51 778	10	255	1 88 798	8
206	1 52 519	11	256	1 89 538	9
207	1 53 259	12	257	1 90 278	10
208	1 54 000	»	258	1 91 019	11
209	1 54 740	1	259	1 91 759	12
210	1 55 480	2	260	1 92 500	»
211	1 56 221	3	261	1 93 240	1
212	1 56 961	4	262	1 93 980	2
213	1 57 701	5	263	1 94 721	3
214	1 58 442	6	264	1 95 461	4
215	1 59 182	7	265	1 96 201	5
216	1 59 923	8	266	1 96 942	6
217	1 60 663	9	267	1 97 682	7
218	1 61 403	10	268	1 98 423	8
219	1 62 144	11	269	1 99 163	9
220	1 62 884	12	270	1 99 903	10
221	1 63 625	»	271	2 00 644	11
222	1 64 365	1	272	2 01 384	12
223	1 65 105	2	273	2 02 125	»
224	1 65 846	3	274	2 02 865	1
225	1 66 586	4	275	2 03 605	2
226	1 67 326	5	276	2 04 346	3
227	1 68 067	6	277	2 05 086	4
228	1 68 807	7	278	2 05 826	5
229	1 69 548	8	279	2 06 567	6
230	1 70 288	9	280	2 07 307	7
231	1 71 028	10	281	2 08 048	8
232	1 71 769	11	282	2 08 788	9
233	1 72 509	12	283	2 09 528	10
234	1 73 250	»	284	2 10 269	11
235	1 73 990	1	285	2 11 009	12
236	1 74 730	2	286	2 11 750	»
237	1 75 471	3	287	2 12 490	1
238	1 76 211	4	288	2 13 230	2
239	1 76 951	5	289	2 13 971	3
240	1 77 692	6	290	2 14 711	4
241	1 78 432	7	291	2 15 451	5
242	1 79 173	8	292	2 16 192	6
243	1 79 913	9	293	2 16 932	7
244	1 80 653	10	294	2 17 673	8
245	1 81 394	11	295	2 18 413	9
246	1 82 134	12	296	2 19 153	10
247	1 82 875	»	297	2 19 894	11
248	1 83 615	1	298	2 20 634	12
249	1 84 355	2	299	2 21 375	»
250	1 85 096	3	300	2 22 115	1

n°s	Périodes
1	384615
2	769230
3	153846
4	538461
5	923076
6	307692
7	692307
8	076923
9	461538
10	846153
11	230769
12	615384

Douze Semaines.

n^os	Périodes
1	692307
2	384615
3	076923
4	769230
5	461538
6	153846
7	846153
8	538461
9	230769
10	923076
11	615384
12	307692

Sommes	Intérêts (f. — c.)	n^os	Sommes	Intérêts (f. — c.)	n^os
1	» » 807	1	51	» 41 192	12
2	» 01 615	2	52	» 42 000	»
3	» 02 423	3	53	» 42 807	1
4	» 03 230	4	54	» 43 615	2
5	» 04 038	5	55	» 44 423	3
6	» 04 846	6	56	» 45 230	4
7	» 05 653	7	57	» 46 038	5
8	» 06 461	8	58	» 46 846	6
9	» 07 269	9	59	» 47 653	7
10	» 08 076	10	60	» 48 461	8
11	» 08 884	11	61	» 49 269	9
12	» 09 692	12	62	» 50 076	10
13	» 10 500	»	63	» 50 884	11
14	» 11 307	1	64	» 51 692	12
15	» 12 115	2	65	» 52 500	»
16	» 12 923	3	66	» 53 307	1
17	» 13 730	4	67	» 54 115	2
18	» 14 538	5	68	» 54 923	3
19	» 15 346	6	69	» 55 730	4
20	» 16 153	7	70	» 56 538	5
21	» 16 961	8	71	» 57 346	6
22	» 17 769	9	72	» 58 153	7
23	» 18 576	10	73	» 58 961	8
24	» 19 384	11	74	» 59 769	9
25	» 20 192	12	75	» 60 576	10
26	» 21 000	»	76	» 61 384	11
27	» 21 807	1	77	» 62 192	12
28	» 22 615	2	78	» 63 000	»
29	» 23 423	3	79	» 63 807	1
30	» 24 230	4	80	» 64 615	2
31	» 25 038	5	81	» 65 423	3
32	» 25 846	6	82	» 66 230	4
33	» 26 653	7	83	» 67 038	5
34	» 27 461	8	84	» 67 846	6
35	» 28 269	9	85	» 68 653	7
36	» 29 076	10	86	» 69 461	8
37	» 29 884	11	87	» 70 269	9
38	» 30 692	12	88	» 71 076	10
39	» 31 500	»	89	» 71 884	11
40	» 32 307	1	90	» 72 692	12
41	» 33 115	2	91	» 73 500	»
42	» 33 923	3	92	» 74 307	1
43	» 34 730	4	93	» 75 115	2
44	» 35 538	5	94	» 75 923	3
45	» 36 346	6	95	» 76 730	4
46	» 37 153	7	96	» 77 538	5
47	» 37 961	8	97	» 78 346	6
48	» 38 769	9	98	» 79 153	7
49	» 39 576	10	99	» 79 961	8
50	» 40 384	11	100	» 80 769	9

Sommes	Intérêts (f. — c.)	n^os	Sommes	Intérêts (f. — c.)	n^os
101	» 81 576	10	151	1 21 961	8
102	» 82 384	11	152	1 22 769	9
103	» 83 192	12	153	1 23 576	10
104	» 84 000	»	154	1 24 384	11
105	» 84 807	1	155	1 25 192	12
106	» 85 615	2	156	1 26 000	»
107	» 86 423	3	157	1 26 807	1
108	» 87 230	4	158	1 27 615	2
109	» 88 038	5	159	1 28 423	3
110	» 88 846	6	160	1 29 230	4
111	» 89 653	7	161	1 30 038	5
112	» 90 461	8	162	1 30 846	6
113	» 91 269	9	163	1 31 653	7
114	» 92 076	10	164	1 32 461	8
115	» 92 884	11	165	1 33 269	9
116	» 93 692	12	166	1 34 076	10
117	» 94 500	»	167	1 34 884	11
118	» 95 307	1	168	1 35 692	12
119	» 96 115	2	169	1 36 500	»
120	» 96 923	3	170	1 37 307	1
121	» 97 730	4	171	1 38 115	2
122	» 98 538	5	172	1 38 923	3
123	» 99 346	6	173	1 39 730	4
124	1 00 153	7	174	1 40 538	5
125	1 00 961	8	175	1 41 346	6
126	1 01 769	9	176	1 42 153	7
127	1 02 576	10	177	1 42 961	8
128	1 03 384	11	178	1 43 769	9
129	1 04 192	12	179	1 44 576	10
130	1 05 000	»	180	1 45 384	11
131	1 05 807	1	181	1 46 192	12
132	1 06 615	2	182	1 47 000	»
133	1 07 423	3	183	1 47 807	1
134	1 08 230	4	184	1 48 615	2
135	1 09 038	5	185	1 49 423	3
136	1 09 846	6	186	1 50 230	4
137	1 10 653	7	187	1 51 038	5
138	1 11 461	8	188	1 51 846	6
139	1 12 269	9	189	1 52 653	7
140	1 13 076	10	190	1 53 461	8
141	1 13 884	11	191	1 54 269	9
142	1 14 692	12	192	1 55 076	10
143	1 15 500	»	193	1 55 884	11
144	1 16 307	1	194	1 56 692	12
145	1 17 115	2	195	1 57 500	»
146	1 17 923	3	196	1 58 307	1
147	1 18 730	4	197	1 59 115	2
148	1 19 538	5	198	1 59 923	3
149	1 20 346	6	199	1 60 730	4
150	1 21 153	7	200	1 61 538	5

Sommes	Intérêts (f. — c.)	n^os	Sommes	Intérêts (f. — c.)	n^os
201	1 62 346	6	251	2 02 730	4
202	1 63 153	7	252	2 03 538	5
203	1 63 961	8	253	2 04 346	6
204	1 64 769	9	254	2 05 153	7
205	1 65 576	10	255	2 05 961	8
206	1 66 384	11	256	2 06 769	9
207	1 67 192	12	257	2 07 576	10
208	1 68 000	»	258	2 08 384	11
209	1 68 807	1	259	2 09 192	12
210	1 69 615	2	260	2 10 000	»
211	1 70 423	3	261	2 10 807	1
212	1 71 230	4	262	2 11 615	2
213	1 72 038	5	263	2 12 423	3
214	1 72 846	6	264	2 13 230	4
215	1 73 653	7	265	2 14 038	5
216	1 74 461	8	266	2 14 846	6
217	1 75 269	9	267	2 15 653	7
218	1 76 076	10	268	2 16 461	8
219	1 76 884	11	269	2 17 269	9
220	1 77 692	12	270	2 18 076	10
221	1 78 500	»	271	2 18 884	11
222	1 79 307	1	272	2 19 692	12
223	1 80 115	2	273	2 20 500	»
224	1 80 923	3	274	2 21 307	1
225	1 81 730	4	275	2 22 115	2
226	1 82 538	5	276	2 22 923	3
227	1 83 346	6	277	2 23 730	4
228	1 84 153	7	278	2 24 538	5
229	1 84 961	8	279	2 25 346	6
230	1 85 769	9	280	2 26 153	7
231	1 86 576	10	281	2 26 961	8
232	1 87 384	11	282	2 27 769	9
233	1 88 192	12	283	2 28 576	10
234	1 89 000	»	284	2 29 384	11
235	1 89 807	1	285	2 30 192	12
236	1 90 615	2	286	2 31 000	»
237	1 91 423	3	287	2 31 807	1
238	1 92 230	4	288	2 32 615	2
239	1 93 038	5	289	2 33 423	3
240	1 93 846	6	290	2 34 230	4
241	1 94 653	7	291	2 35 038	5
242	1 95 461	8	292	2 35 846	6
243	1 96 269	9	293	2 36 653	7
244	1 97 076	10	294	2 37 461	8
245	1 97 884	11	295	2 38 269	9
246	1 98 692	12	296	2 39 076	10
247	1 99 500	»	297	2 39 884	11
248	2 00 307	1	298	2 40 692	12
249	2 01 115	2	299	2 41 500	»
250	2 01 923	3	300	2 42 307	1

Sommes	Intérêts f.	c.	nos	Sommes	Intérêts f.	c.	nos
1	»	» 875	1	51	»	44 625	12
2	»	01 750	2	52	»	45 500	»
3	»	02 625	3	53	»	46 375	1
4	»	03 500	4	54	»	47 250	2
5	»	04 375	5	55	»	48 125	3
6	»	05 250	6	56	»	49 000	4
7	»	06 125	7	57	»	49 875	5
8	»	07 000	8	58	»	50 750	6
9	»	07 875	9	59	»	51 625	7
10	»	08 750	10	60	»	52 500	8
11	»	09 625	11	61	»	53 375	9
12	»	10 500	12	62	»	54 250	10
13	»	11 375	»	63	»	55 125	11
14	»	12 250	1	64	»	56 000	12
15	»	13 125	2	65	»	56 875	»
16	»	14 000	3	66	»	57 750	1
17	»	14 875	4	67	»	58 625	2
18	»	15 750	5	68	»	59 500	3
19	»	16 625	6	69	»	60 375	4
20	»	17 500	7	70	»	61 250	5
21	»	18 375	8	71	»	62 125	6
22	»	19 250	9	72	»	63 000	7
23	»	20 125	10	73	»	63 875	8
24	»	21 000	11	74	»	64 750	9
25	»	21 875	12	75	»	65 625	10
26	»	22 750	»	76	»	66 500	11
27	»	23 625	1	77	»	67 375	12
28	»	24 500	2	78	»	68 250	»
29	»	25 375	3	79	»	69 125	1
30	»	26 250	4	80	»	70 000	2
31	»	27 125	5	81	»	70 875	3
32	»	28 000	6	82	»	71 750	4
33	»	28 875	7	83	»	72 625	5
34	»	29 750	8	84	»	73 500	6
35	»	30 625	9	85	»	74 375	7
36	»	31 500	10	86	»	75 250	8
37	»	32 375	11	87	»	76 125	9
38	»	33 250	12	88	»	77 000	10
39	»	34 125	»	89	»	77 875	11
40	»	35 000	1	90	»	78 750	12
41	»	35 875	2	91	»	79 625	»
42	»	36 750	3	92	»	80 500	1
43	»	37 625	4	93	»	81 375	2
44	»	38 500	5	94	»	82 250	3
45	»	39 375	6	95	»	83 125	4
46	»	40 250	7	96	»	84 000	5
47	»	41 125	8	97	»	84 875	6
48	»	42 000	9	98	»	85 750	7
49	»	42 875	10	99	»	86 625	8
50	»	43 750	11	100	»	87 500	9

Sommes	Intérêts f.	c.	nos	Sommes	Intérêts f.	c.	nos
101	»	88 375	10	151	1	32 125	8
102	»	89 250	11	152	1	33 000	9
103	»	90 125	12	153	1	33 875	10
104	»	91 000	»	154	1	34 750	11
105	»	91 875	1	155	1	35 625	12
106	»	92 750	2	156	1	36 500	»
107	»	93 625	3	157	1	37 375	1
108	»	94 500	4	158	1	38 250	2
109	»	95 375	5	159	1	39 125	3
110	»	96 250	6	160	1	40 000	4
111	»	97 125	7	161	1	40 875	5
112	»	98 000	8	162	1	41 750	6
113	»	98 875	9	163	1	42 625	7
114	»	99 750	10	164	1	43 500	8
115	1	00 625	11	165	1	44 375	9
116	1	01 500	12	166	1	45 250	10
117	1	02 375	»	167	1	46 125	11
118	1	03 250	1	168	1	47 000	12
119	1	04 125	2	169	1	47 875	»
120	1	05 000	3	170	1	48 750	1
121	1	05 875	4	171	1	49 625	2
122	1	06 750	5	172	1	50 500	3
123	1	07 625	6	173	1	51 375	4
124	1	08 500	7	174	1	52 250	5
125	1	09 375	8	175	1	53 125	6
126	1	10 250	9	176	1	54 000	7
127	1	11 125	10	177	1	54 875	8
128	1	12 000	11	178	1	55 750	9
129	1	12 875	12	179	1	56 625	10
130	1	13 750	»	180	1	57 500	11
131	1	14 625	1	181	1	58 375	12
132	1	15 500	2	182	1	59 250	»
133	1	16 375	3	183	1	60 125	1
134	1	17 250	4	184	1	61 000	2
135	1	18 125	5	185	1	61 875	3
136	1	19 000	6	186	1	62 750	4
137	1	19 875	7	187	1	63 625	5
138	1	20 750	8	188	1	64 500	6
139	1	21 625	9	189	1	65 375	7
140	1	22 500	10	190	1	66 250	8
141	1	23 375	11	191	1	67 125	9
142	1	24 250	12	192	1	68 000	10
143	1	25 125	»	193	1	68 875	11
144	1	26 000	1	194	1	69 750	12
145	1	26 875	2	195	1	70 625	»
146	1	27 750	3	196	1	71 500	1
147	1	28 625	4	197	1	72 375	2
148	1	29 500	5	198	1	73 250	3
149	1	30 375	6	199	1	74 125	4
150	1	31 250	7	200	1	75 000	5

Sommes	Intérêts f.	c.	nos	Sommes	Intérêts f.	c.	nos
201	1	75 875	6	251	2	19 625	4
202	1	76 750	7	252	2	20 500	5
203	1	77 625	8	253	2	21 375	6
204	1	78 500	9	254	2	22 250	7
205	1	79 375	10	255	2	23 125	8
206	1	80 250	11	256	2	24 000	9
207	1	81 125	12	257	2	24 875	10
208	1	82 000	»	258	2	25 750	11
209	1	82 875	1	259	2	26 625	12
210	1	83 750	2	260	2	27 500	»
211	1	84 625	3	261	2	28 375	1
212	1	85 500	4	262	2	29 250	2
213	1	86 375	5	263	2	30 125	3
214	1	87 250	6	264	2	31 000	4
215	1	88 125	7	265	2	31 875	5
216	1	89 000	8	266	2	32 750	6
217	1	89 875	9	267	2	33 625	7
218	1	90 750	10	268	2	34 500	8
219	1	91 625	11	269	2	35 375	9
220	1	92 500	12	270	2	36 250	10
221	1	93 375	»	271	2	37 125	11
222	1	94 250	1	272	2	38 000	12
223	1	95 125	2	273	2	38 875	»
224	1	96 000	3	274	2	39 750	1
225	1	96 875	4	275	2	40 625	2
226	1	97 750	5	276	2	41 500	3
227	1	98 625	6	277	2	42 375	4
228	1	99 500	7	278	2	43 250	5
229	2	00 375	8	279	2	44 125	6
230	2	01 250	9	280	2	45 000	7
231	2	02 125	10	281	2	45 875	8
232	2	03 000	11	282	2	46 750	9
233	2	03 875	12	283	2	47 625	10
234	2	04 750	»	284	2	48 500	11
235	2	05 625	1	285	2	49 375	12
236	2	06 500	2	286	2	50 250	»
237	2	07 375	3	287	2	51 125	1
238	2	08 250	4	288	2	52 000	2
239	2	09 125	5	289	2	52 875	3
240	2	10 000	6	290	2	53 750	4
241	2	10 875	7	291	2	54 625	5
242	2	11 750	8	292	2	55 500	6
243	2	12 625	9	293	2	56 375	7
244	2	13 500	10	294	2	57 250	8
245	2	14 375	11	295	2	58 125	9
246	2	15 250	12	296	2	59 000	10
247	2	16 125	»	297	2	59 875	11
248	2	17 000	1	298	2	60 750	12
249	2	17 875	2	299	2	61 625	»
250	2	18 750	3	300	2	62 500	1

nos	Périodes
1	000000
2	000000
3	000000
4	000000
5	000000
6	000000
7	000000
8	000000
9	000000
10	000000
11	000000
12	000000

Sommes	Intérêts (f. c.)	nos	Sommes	Intérêts (f. c.)	nos
1	» » 942	1	51	» 48 057	12
2	» 01 884	2	52	» 49 000	»
3	» 02 826	3	53	» 49 942	1
4	» 03 769	4	54	» 50 884	2
5	» 04 711	5	55	» 51 826	3
6	» 05 653	6	56	» 52 769	4
7	» 06 596	7	57	» 53 711	5
8	» 07 538	8	58	» 54 653	6
9	» 08 480	9	59	» 55 596	7
10	» 09 423	10	60	» 56 538	8
11	» 10 365	11	61	» 57 480	9
12	» 11 307	12	62	» 58 423	10
13	» 12 250	»	63	» 59 365	11
14	» 13 192	1	64	» 60 307	12
15	» 14 134	2	65	» 61 250	»
16	» 15 076	3	66	» 62 192	1
17	» 16 019	4	67	» 63 134	2
18	» 16 961	5	68	» 64 076	3
19	» 17 903	6	69	» 65 019	4
20	» 18 846	7	70	» 65 961	5
21	» 19 788	8	71	» 66 903	6
22	» 20 730	9	72	» 67 846	7
23	» 21 673	10	73	» 68 788	8
24	» 22 615	11	74	» 69 730	9
25	» 23 557	12	75	» 70 673	10
26	» 24 500	»	76	» 71 615	11
27	» 25 442	1	77	» 72 557	12
28	» 26 384	2	78	» 73 500	»
29	» 27 326	3	79	» 74 442	1
30	» 28 269	4	80	» 75 384	2
31	» 29 211	5	81	» 76 326	3
32	» 30 153	6	82	» 77 269	4
33	» 31 096	7	83	» 78 211	5
34	» 32 038	8	84	» 79 153	6
35	» 32 980	9	85	» 80 096	7
36	» 33 923	10	86	» 81 038	8
37	» 34 865	11	87	» 81 980	9
38	» 35 807	12	88	» 82 923	10
39	» 36 750	»	89	» 83 865	11
40	» 37 692	1	90	» 84 807	12
41	» 38 634	2	91	» 85 750	»
42	» 39 576	3	92	» 86 692	1
43	» 40 519	4	93	» 87 634	2
44	» 41 461	5	94	» 88 576	3
45	» 42 403	6	95	» 89 519	4
46	» 43 346	7	96	» 90 461	5
47	» 44 288	8	97	» 91 403	6
48	» 45 230	9	98	» 92 346	7
49	» 46 173	10	99	» 93 288	8
50	» 47 115	11	100	» 94 230	9

Sommes	Intérêts (f. c.)	nos	Sommes	Intérêts (f. c.)	nos
101	» 95 173	10	151	1 42 288	8
102	» 96 115	11	152	1 43 230	9
103	» 97 057	12	153	1 44 173	10
104	» 98 000	»	154	1 45 115	11
105	» 98 942	1	155	1 46 057	12
106	» 99 884	2	156	1 47 000	»
107	1 00 826	3	157	1 47 942	1
108	1 01 769	4	158	1 48 884	2
109	1 02 711	5	159	1 49 826	3
110	1 03 653	6	160	1 50 769	4
111	1 04 596	7	161	1 51 711	5
112	1 05 538	8	162	1 52 653	6
113	1 06 480	9	163	1 53 596	7
114	1 07 423	10	164	1 54 538	8
115	1 08 365	11	165	1 55 480	9
116	1 09 307	12	166	1 56 423	10
117	1 10 250	»	167	1 57 365	11
118	1 11 192	1	168	1 58 307	12
119	1 12 134	2	169	1 59 250	»
120	1 13 076	3	170	1 60 192	1
121	1 14 019	4	171	1 61 134	2
122	1 14 961	5	172	1 62 076	3
123	1 15 903	6	173	1 63 019	4
124	1 16 846	7	174	1 63 961	5
125	1 17 788	8	175	1 64 903	6
126	1 18 730	9	176	1 65 846	7
127	1 19 673	10	177	1 66 788	8
128	1 20 615	11	178	1 67 730	9
129	1 21 557	12	179	1 68 673	10
130	1 22 500	»	180	1 69 615	11
131	1 23 442	1	181	1 70 557	12
132	1 24 384	2	182	1 71 500	»
133	1 25 326	3	183	1 72 442	1
134	1 26 269	4	184	1 73 384	2
135	1 27 211	5	185	1 74 326	3
136	1 28 153	6	186	1 75 269	4
137	1 29 096	7	187	1 76 211	5
138	1 30 038	8	188	1 77 153	6
139	1 30 980	9	189	1 78 096	7
140	1 31 923	10	190	1 79 038	8
141	1 32 865	11	191	1 79 980	9
142	1 33 807	12	192	1 80 923	10
143	1 34 750	»	193	1 81 865	11
144	1 35 692	1	194	1 82 807	12
145	1 36 634	2	195	1 83 750	»
146	1 37 576	3	196	1 84 692	1
147	1 38 519	4	197	1 85 634	2
148	1 39 461	5	198	1 86 576	3
149	1 40 403	6	199	1 87 519	4
150	1 41 346	7	200	1 88 461	5

Sommes	Intérêts (f. c.)	nos	Sommes	Intérêts (f. c.)	nos
201	1 89 403	6	251	2 36 519	4
202	1 90 346	7	252	2 37 461	5
203	1 91 288	8	253	2 38 403	6
204	1 92 230	9	254	2 39 346	7
205	1 93 173	10	255	2 40 288	8
206	1 94 115	11	256	2 41 230	9
207	1 95 057	12	257	2 42 173	10
208	1 96 000	»	258	2 43 115	11
209	1 96 942	1	259	2 44 057	12
210	1 97 884	2	260	2 45 000	»
211	1 98 826	3	261	2 45 942	1
212	1 99 769	4	262	2 46 884	2
213	2 00 711	5	263	2 47 826	3
214	2 01 653	6	264	2 48 769	4
215	2 02 596	7	265	2 49 711	5
216	2 03 538	8	266	2 50 653	6
217	2 04 480	9	267	2 51 596	7
218	2 05 423	10	268	2 52 538	8
219	2 06 365	11	269	2 53 480	9
220	2 07 307	12	270	2 54 423	10
221	2 08 250	»	271	2 55 365	11
222	2 09 192	1	272	2 56 307	12
223	2 10 134	2	273	2 57 250	»
224	2 11 076	3	274	2 58 192	1
225	2 12 019	4	275	2 59 134	2
226	2 12 961	5	276	2 60 076	3
227	2 13 903	6	277	2 61 019	4
228	2 14 846	7	278	2 61 961	5
229	2 15 788	8	279	2 62 903	6
230	2 16 730	9	280	2 63 846	7
231	2 17 673	10	281	2 64 788	8
232	2 18 615	11	282	2 65 730	9
233	2 19 557	12	283	2 66 673	10
234	2 20 500	»	284	2 67 615	11
235	2 21 442	1	285	2 68 557	12
236	2 22 384	2	286	2 69 500	»
237	2 23 326	3	287	2 70 442	1
238	2 24 269	4	288	2 71 384	2
239	2 25 211	5	289	2 72 326	3
240	2 26 153	6	290	2 73 269	4
241	2 27 096	7	291	2 74 211	5
242	2 28 038	8	292	2 75 153	6
243	2 28 980	9	293	2 76 096	7
244	2 29 923	10	294	2 77 038	8
245	2 30 865	11	295	2 77 980	9
246	2 31 807	12	296	2 78 923	10
247	2 32 750	»	297	2 79 865	11
248	2 33 692	1	298	2 80 807	12
249	2 34 634	2	299	2 81 750	»
250	2 35 576	3	300	2 82 692	1

nos	Périodes
1	307692
2	615384
3	923076
4	230769
5	538461
6	846153
7	153846
8	461538
9	769230
10	076923
11	384615
12	692307

Sommes	Intérêts f.	c.	n°s	Sommes	Intérêts f.	c.	n°s
1	»	01 009	1	51	»	51 490	12
2	»	02 019	2	52	»	52 500	»
3	»	03 028	3	53	»	53 509	1
4	»	04 038	4	54	»	54 519	2
5	»	05 048	5	55	»	55 528	3
6	»	06 057	6	56	»	56 538	4
7	»	07 067	7	57	»'	57 548	5
8	»	08 076	8	58	»	58 557	6
9	»	09 086	9	59	»	59 567	7
10	»	10 096	10	60	»	60 576	8
11	»	11 105	11	61	»	61 586	9
12	»	12 115	12	62	»	62 596	10
13	»	13 125	»	63	»	63 605	11
14	»	14 134	1	64	»	64 615	12
15	»	15 144	2	65	»	65 625	»
16	»	16 153	3	66	»	66 634	1
17	»	17 163	4	67	»	67 644	2
18	»	18 173	5	68	»	68 653	3
19	»	19 182	6	69	»	69 663	4
20	»	20 192	7	70	»	70 673	5
21	»	21 201	8	71	»	71 682	6
22	»	22 211	9	72	»	72 692	7
23	»	23 221	10	73	»	73 701	8
24	»	24 230	11	74	»	74 711	9
25	»	25 240	12	75	»	75 721	10
26	»	26 250	»	76	»	76 730	11
27	»	27 259	1	77	»	77 740	12
28	»	28 269	2	78	»	78 750	»
29	»	29 278	3	79	»	79 759	1
30	»	30 288	4	80	»	80 769	2
31	»	31 298	5	81	»	81 778	3
32	»	32 307	6	82	»	82 788	4
33	»	33 317	7	83	»	83 798	5
34	»	34 326	8	84	»	84 807	6
35	»	35 336	9	85	»	85 817	7
36	»	36 346	10	86	»	86 826	8
37	»	37 355	11	87	»	87 836	9
38	»	38 365	12	88	»	88 846	10
39	»	39 375	»	89	»	89 855	11
40	»	40 384	1	90	»	90 865	12
41	»	41 394	2	91	»	91 875	»
42	»	42 403	3	92	»	92 884	1
43	»	43 413	4	93	»	93 894	2
44	»	44 423	5	94	»	94 903	3
45	»	45 432	6	95	»	95 913	4
46	»	46 442	7	96	»	96 923	5
47	»	47 451	8	97	»	97 932	6
48	»	48 461	9	98	»	98 942	7
49	»	49 471	10	99	»	99 951	8
50	»	50 480	11	100	1	00 961	9

Sommes	Intérêts f.	c.	n°s	Sommes	Intérêts f.	c.	n°s
101	1	01 971	10	151	1	52 451	8
102	1	02 980	11	152	1	53 461	9
103	1	03 990	12	153	1	54 471	10
104	1	05 000	»	154	1	55 480	11
105	1	06 009	1	155	1	56 490	12
106	1	07 019	2	156	1	57 500	»
107	1	08 028	3	157	1	58 509	1
108	1	09 038	4	158	1	59 519	2
109	1	10 048	5	159	1	60 528	3
110	1	11 057	6	160	1	61 538	4
111	1	12 067	7	161	1	62 548	5
112	1	13 076	8	162	1	63 557	6
113	1	14 086	9	163	1	64 567	7
114	1	15 096	10	164	1	65 576	8
115	1	16 105	11	165	1	66 586	9
116	1	17 115	12	166	1	67 596	10
117	1	18 125	»	167	1	68 605	11
118	1	19 134	1	168	1	69 615	12
119	1	20 144	2	169	1	70 625	»
120	1	21 153	3	170	1	71 634	1
121	1	22 163	4	171	1	72 644	2
122	1	23 173	5	172	1	73 653	3
123	1	24 182	6	173	1	74 663	4
124	1	25 192	7	174	1	75 673	5
125	1	26 201	8	175	1	76 682	6
126	1	27 211	9	176	1	77 692	7
127	1	28 221	10	177	1	78 701	8
128	1	29 230	11	178	1	79 711	9
129	1	30 240	12	179	1	80 721	10
130	1	31 250	»	180	1	81 730	11
131	1	32 259	1	181	1	82 740	12
132	1	33 269	2	182	1	83 750	»
133	1	34 278	3	183	1	84 759	1
134	1	35 288	4	184	1	85 769	2
135	1	36 298	5	185	1	86 778	3
136	1	37 307	6	186	1	87 788	4
137	1	38 317	7	187	1	88 798	5
138	1	39 326	8	188	1	89 807	6
139	1	40 336	9	189	1	90 817	7
140	1	41 346	10	190	1	91 826	8
141	1	42 355	11	191	1	92 836	9
142	1	43 365	12	192	1	93 846	10
143	1	44 375	»	193	1	94 855	11
144	1	45 384	1	194	1	95 865	12
145	1	46 394	2	195	1	96 875	»
146	1	47 403	3	196	1	97 884	1
147	1	48 413	4	197	1	98 894	2
148	1	49 423	5	198	1	99 903	3
149	1	50 432	6	199	2	00 913	4
150	1	51 442	7	200	2	01 923	5

Sommes	Intérêts f.	c.	n°s	Sommes	Intérêts f.	c.	n°s
201	2	02 932	6	251	2	53 413	4
202	2	03 942	7	252	2	54 423	5
203	2	04 951	8	253	2	55 432	6
204	2	05 961	9	254	2	56 442	7
205	2	06 971	10	255	2	57 451	8
206	2	07 980	11	256	2	58 461	9
207	2	08 990	12	257	2	59 471	10
208	2	10 000	»	258	2	60 480	11
209	2	11 009	1	259	2	61 490	12
210	2	12 019	2	260	2	62 500	»
211	2	13 028	3	261	2	63 509	1
212	2	14 038	4	262	2	64 519	2
213	2	15 048	5	263	2	65 528	3
214	2	16 057	6	264	2	66 538	4
215	2	17 067	7	265	2	67 548	5
216	2	18 076	8	266	2	68 557	6
217	2	19 086	9	267	2	69 567	7
218	2	20 096	10	268	2	70 576	8
219	2	21 105	11	269	2	71 586	9
220	2	22 115	12	270	2	72 596	10
221	2	23 125	»	271	2	73 605	11
222	2	24 134	1	272	2	74 615	12
223	2	25 144	2	273	2	75 625	»
224	2	26 153	3	274	2	76 634	1
225	2	27 163	4	275	2	77 644	2
226	2	28 173	5	276	2	78 653	3
227	2	29 182	6	277	2	79 663	4
228	2	30 192	7	278	2	80 673	5
229	2	31 201	8	279	2	81 682	6
230	2	32 211	9	280	2	82 692	7
231	2	33 221	10	281	2	83 701	8
232	2	34 230	11	282	2	84 711	9
233	2	35 240	12	283	2	85 721	10
234	2	36 250	»	284	2	86 730	11
235	2	37 259	1	285	2	87 740	12
236	2	38 269	2	286	2	88 750	»
237	2	39 278	3	287	2	89 759	1
238	2	40 288	4	288	2	90 769	2
239	2	41 298	5	289	2	91 778	3
240	2	42 307	6	290	2	92 788	4
241	2	43 317	7	291	2	93 798	5
242	2	44 326	8	292	2	94 807	6
243	2	45 336	9	293	2	95 817	7
244	2	46 346	10	294	2	96 826	8
245	2	47 355	11	295	2	97 836	9
246	2	48 365	12	296	2	98 846	10
247	2	49 375	»	297	2	99 855	11
248	2	50 384	1	298	3	00 865	12
249	2	51 394	2	299	3	01 875	»
250	2	52 403	3	300	3	02 884	1

n°s	Périodes
1	615384
2	230769
3	846153
4	461538
5	076923
6	692307
7	307692
8	923076
9	538461
10	153846
11	769230
12	384615

n°s	Périodes
1	923076
2	846153
3	769230
4	692307
5	615384
6	538461
7	461538
8	384615
9	307692
10	230769
11	153846
12	076923

Sommes	Intérêts f.	c.	n°s	Sommes	Intérêts f.	c.	n°s
1	»	01 076	1	51	»	54 923	12
2	»	02 153	2	52	»	56 000	»
3	»	03 230	3	53	»	57 076	1
4	»	04 307	4	54	»	58 153	2
5	»	05 384	5	55	»	59 230	3
6	»	06 461	6	56	»	60 307	4
7	»	07 538	7	57	»	61 384	5
8	»	08 615	8	58	»	62 461	6
9	»	09 692	9	59	»	63 538	7
10	»	10 769	10	60	»	64 615	8
11	»	11 846	11	61	»	65 692	9
12	»	12 923	12	62	»	66 769	10
13	»	14 000	»	63	»	67 846	11
14	»	15 076	1	64	»	68 923	12
15	»	16 153	2	65	»	70 000	»
16	»	17 230	3	66	»	71 076	1
17	»	18 307	4	67	»	72 153	2
18	»	19 384	5	68	»	73 230	3
19	»	20 461	6	69	»	74 307	4
20	»	21 538	7	70	»	75 384	5
21	»	22 615	8	71	»	76 461	6
22	»	23 692	9	72	»	77 538	7
23	»	24 769	10	73	»	78 615	8
24	»	25 846	11	74	»	79 692	9
25	»	26 923	12	75	»	80 769	10
26	»	28 000	»	76	»	81 846	11
27	»	29 076	1	77	»	82 923	12
28	»	30 153	2	78	»	84 000	»
29	»	31 230	3	79	»	85 076	1
30	»	32 307	4	80	»	86 153	2
31	»	33 384	5	81	»	87 230	3
32	»	34 461	6	82	»	88 307	4
33	»	35 538	7	83	»	89 384	5
34	»	36 615	8	84	»	90 461	6
35	»	37 692	9	85	»	91 538	7
36	»	38 769	10	86	»	92 615	8
37	»	39 846	11	87	»	93 692	9
38	»	40 923	12	88	»	94 769	10
39	»	42 000	»	89	»	95 846	11
40	»	43 076	1	90	»	96 923	12
41	»	44 153	2	91	»	98 000	»
42	»	45 230	3	92	»	99 076	1
43	»	46 307	4	93	1	00 153	2
44	»	47 384	5	94	1	01 230	3
45	»	48 461	6	95	1	02 307	4
46	»	49 538	7	96	1	03 384	5
47	»	50 615	8	97	1	04 461	6
48	»	51 692	9	98	1	05 538	7
49	»	52 769	10	99	1	06 615	8
50	»	53 846	11	100	1	07 692	9

Sommes	Intérêts f.	c.	n°s	Sommes	Intérêts f.	c.	n°s
101	1	08 769	10	151	1	62 615	8
102	1	09 846	11	152	1	63 692	9
103	1	10 923	12	153	1	64 769	10
104	1	12 000	»	154	1	65 846	11
105	1	13 076	1	155	1	66 923	12
106	1	14 153	2	156	1	68 000	»
107	1	15 230	3	157	1	69 076	1
108	1	16 307	4	158	1	70 153	2
109	1	17 384	5	159	1	71 230	3
110	1	18 461	6	160	1	72 307	4
111	1	19 538	7	161	1	73 384	5
112	1	20 615	8	162	1	74 461	6
113	1	21 692	9	163	1	75 538	7
114	1	22 769	10	164	1	76 615	8
115	1	23 846	11	165	1	77 692	9
116	1	24 923	12	166	1	78 769	10
117	1	26 000	»	167	1	79 846	11
118	1	27 076	1	168	1	80 923	12
119	1	28 153	2	169	1	82 000	»
120	1	29 230	3	170	1	83 076	1
121	1	30 307	4	171	1	84 153	2
122	1	31 384	5	172	1	85 230	3
123	1	32 461	6	173	1	86 307	4
124	1	33 538	7	174	1	87 384	5
125	1	34 615	8	175	1	88 461	6
126	1	35 692	9	176	1	89 538	7
127	1	36 769	10	177	1	90 615	8
128	1	37 846	11	178	1	91 692	9
129	1	38 923	12	179	1	92 769	10
130	1	40 000	»	180	1	93 846	11
131	1	41 076	1	181	1	94 923	12
132	1	42 153	2	182	1	96 000	»
133	1	43 230	3	183	1	97 076	1
134	1	44 307	4	184	1	98 153	2
135	1	45 384	5	185	1	99 230	3
136	1	46 461	6	186	2	00 307	4
137	1	47 538	7	187	2	01 384	5
138	1	48 615	8	188	2	02 461	6
139	1	49 692	9	189	2	03 538	7
140	1	50 769	10	190	2	04 615	8
141	1	51 846	11	191	2	05 692	9
142	1	52 923	12	192	2	06 769	10
143	1	54 000	»	193	2	07 846	11
144	1	55 076	1	194	2	08 923	12
145	1	56 153	2	195	2	10 000	»
146	1	57 230	3	196	2	11 076	1
147	1	58 307	4	197	2	12 153	2
148	1	59 384	5	198	2	13 230	3
149	1	60 461	6	199	2	14 307	4
150	1	61 538	7	200	2	15 384	5

Sommes	Intérêts f.	c.	n°s	Sommes	Intérêts f.	c.	n°s
201	2	16 461	6	251	2	70 307	4
202	2	17 538	7	252	2	71 384	5
203	2	18 615	8	253	2	72 461	6
204	2	19 692	9	254	2	73 538	7
205	2	20 769	10	255	2	74 615	8
206	2	21 846	11	256	2	75 692	9
207	2	22 923	12	257	2	76 769	10
208	2	24 000	»	258	2	77 846	11
209	2	25 076	1	259	2	78 923	12
210	2	26 153	2	260	2	80 000	»
211	2	27 230	3	261	2	81 076	1
212	2	28 307	4	262	2	82 153	2
213	2	29 384	5	263	2	83 230	3
214	2	30 461	6	264	2	84 307	4
215	2	31 538	7	265	2	85 384	5
216	2	32 615	8	266	2	86 461	6
217	2	33 692	9	267	2	87 538	7
218	2	34 769	10	268	2	88 615	8
219	2	35 846	11	269	2	89 692	9
220	2	36 923	12	270	2	90 769	10
221	2	38 000	»	271	2	91 846	11
222	2	39 076	1	272	2	92 923	12
223	2	40 153	2	273	2	94 000	»
224	2	41 230	3	274	2	95 076	1
225	2	42 307	4	275	2	96 153	2
226	2	43 384	5	276	2	97 230	3
227	2	44 461	6	277	2	98 307	4
228	2	45 538	7	278	2	99 384	5
229	2	46 615	8	279	3	00 461	6
230	2	47 692	9	280	3	01 538	7
231	2	48 769	10	281	3	02 615	8
232	2	49 846	11	282	3	03 692	9
233	2	50 923	12	283	3	04 769	10
234	2	52 000	»	284	3	05 846	11
235	2	53 076	1	285	3	06 923	12
236	2	54 153	2	286	3	08 000	»
237	2	55 230	3	287	3	09 076	1
238	2	56 307	4	288	3	10 153	2
239	2	57 384	5	289	3	11 230	3
240	2	58 461	6	290	3	12 307	4
241	2	59 538	7	291	3	13 384	5
242	2	60 615	8	292	3	14 461	6
243	2	61 692	9	293	3	15 538	7
244	2	62 769	10	294	3	16 615	8
245	2	63 846	11	295	3	17 692	9
246	2	64 923	12	296	3	18 769	10
247	2	66 000	»	297	3	19 846	11
248	2	67 076	1	298	3	20 923	12
249	2	68 153	2	299	3	22 000	»
250	2	69 230	3	300	3	23 076	1

Dix-sept Semaines.

Sommes.	Intérêts. (f. / c.)	n°ˢ	Sommes.	Intérêts. (f. / c.)	n°ˢ
1	» 01 144	1	51	» 58 355	12
2	» 02 288	2	52	» 59 500	»
3	» 03 432	3	53	» 60 644	1
4	» 04 576	4	54	» 61 788	2
5	» 05 721	5	55	» 62 932	3
6	» 06 865	6	56	» 64 076	4
7	» 08 009	7	57	» 65 221	5
8	» 09 153	8	58	» 66 365	6
9	» 10 298	9	59	» 67 509	7
10	» 11 442	10	60	» 68 653	8
11	» 12 586	11	61	» 69 798	9
12	» 13 730	12	62	» 70 942	10
13	» 14 875	»	63	» 72 086	11
14	» 16 019	1	64	» 73 230	12
15	» 17 163	2	65	» 74 375	»
16	» 18 307	3	66	» 75 519	1
17	» 19 451	4	67	» 76 663	2
18	» 20 596	5	68	» 77 807	3
19	» 21 740	6	69	» 78 951	4
20	» 22 884	7	70	» 80 096	5
21	» 24 028	8	71	» 81 240	6
22	» 25 173	9	72	» 82 384	7
23	» 26 317	10	73	» 83 528	8
24	» 27 461	11	74	» 84 673	9
25	» 28 605	12	75	» 85 817	10
26	» 29 750	»	76	» 86 961	11
27	» 30 894	1	77	» 88 105	12
28	» 32 038	2	78	» 89 250	»
29	» 33 182	3	79	» 90 394	1
30	» 34 326	4	80	» 91 538	2
31	» 35 471	5	81	» 92 682	3
32	» 36 615	6	82	» 93 826	4
33	» 37 759	7	83	» 94 971	5
34	» 38 903	8	84	» 96 115	6
35	» 40 048	9	85	» 97 259	7
36	» 41 192	10	86	» 98 403	8
37	» 42 336	11	87	» 99 548	9
38	» 43 480	12	88	1 00 692	10
39	» 44 625	»	89	1 01 836	11
40	» 45 769	1	90	1 02 980	12
41	» 46 913	2	91	1 04 125	»
42	» 48 057	3	92	1 05 269	1
43	» 49 201	4	93	1 06 413	2
44	» 50 346	5	94	1 07 557	3
45	» 51 490	6	95	1 08 701	4
46	» 52 634	7	96	1 09 846	5
47	» 53 778	8	97	1 10 990	6
48	» 54 923	9	98	1 12 134	7
49	» 56 067	10	99	1 13 278	8
50	» 57 211	11	100	1 14 423	9

Sommes.	Intérêts. (f. / c.)	n°ˢ	Sommes.	Intérêts. (f. / c.)	n°ˢ
101	1 15 567	10	151	1 72 778	8
102	1 16 711	11	152	1 73 923	9
103	1 17 855	12	153	1 75 067	10
104	1 19 000	»	154	1 76 211	11
105	1 20 144	1	155	1 77 355	12
106	1 21 288	2	156	1 78 500	»
107	1 22 432	3	157	1 79 644	1
108	1 23 576	4	158	1 80 788	2
109	1 24 721	5	159	1 81 932	3
110	1 25 865	6	160	1 83 076	4
111	1 27 009	7	161	1 84 221	5
112	1 28 153	8	162	1 85 365	6
113	1 29 298	9	163	1 86 509	7
114	1 30 442	10	164	1 87 653	8
115	1 31 586	11	165	1 88 798	9
116	1 32 730	12	166	1 89 942	10
117	1 33 875	»	167	1 91 086	11
118	1 35 049	1	168	1 92 230	12
119	1 36 163	2	169	1 93 375	»
120	1 37 307	3	170	1 94 519	1
121	1 38 451	4	171	1 95 663	2
122	1 39 596	5	172	1 96 807	3
123	1 40 740	6	173	1 97 951	4
124	1 41 884	7	174	1 99 096	5
125	1 43 028	8	175	2 00 240	6
126	1 44 173	9	176	2 01 384	7
127	1 45 317	10	177	2 02 528	8
128	1 46 461	11	178	2 03 673	9
129	1 47 605	12	179	2 04 817	10
130	1 48 750	»	180	2 05 961	11
131	1 49 894	1	181	2 07 105	12
132	1 51 038	2	182	2 08 250	»
133	1 52 182	3	183	2 09 394	1
134	1 53 326	4	184	2 10 538	2
135	1 54 471	5	185	2 11 682	3
136	1 55 615	6	186	2 12 826	4
137	1 56 759	7	187	2 13 971	5
138	1 57 903	8	188	2 15 115	6
139	1 59 048	9	189	2 16 259	7
140	1 60 192	10	190	2 17 403	8
141	1 61 336	11	191	2 18 548	9
142	1 62 480	12	192	2 19 692	10
143	1 63 625	»	193	2 20 836	11
144	1 64 769	1	194	2 21 980	12
145	1 65 913	2	195	2 23 125	»
146	1 67 057	3	196	2 24 269	1
147	1 68 201	4	197	2 25 413	2
148	1 69 346	5	198	2 26 557	3
149	1 70 490	6	199	2 27 701	4
150	1 71 634	7	200	2 28 846	5

Sommes.	Intérêts. (f. / c.)	n°ˢ	Sommes.	Intérêts. (f. / c.)	n°ˢ
201	2 29 990	6	251	2 87 201	4
202	2 31 134	7	252	2 88 346	5
203	2 32 278	8	253	2 89 490	6
204	2 33 423	9	254	2 90 634	7
205	2 34 567	10	255	2 91 778	8
206	2 35 711	11	256	2 92 923	9
207	2 36 855	12	257	2 94 067	10
208	2 38 000	»	258	2 95 211	11
209	2 39 144	1	259	2 96 355	12
210	2 40 288	2	260	2 97 500	»
211	2 41 432	3	261	2 98 644	1
212	2 42 576	4	262	2 99 788	2
213	2 43 721	5	263	3 00 932	3
214	2 44 865	6	264	3 02 076	4
215	2 46 009	7	265	3 03 221	5
216	2 47 153	8	266	3 04 365	6
217	2 48 298	9	267	3 05 509	7
218	2 49 442	10	268	3 06 653	8
219	2 50 586	11	269	3 07 798	9
220	2 51 730	12	270	3 08 942	10
221	2 52 875	»	271	3 10 086	11
222	2 54 019	1	272	3 11 230	12
223	2 55 163	2	273	3 12 375	»
224	2 56 307	3	274	3 13 519	1
225	2 57 451	4	275	3 14 663	2
226	2 58 596	5	276	3 15 807	3
227	2 59 740	6	277	3 16 951	4
228	2 60 884	7	278	3 18 096	5
229	2 62 028	8	279	3 19 240	6
230	2 63 173	9	280	3 20 384	7
231	2 64 317	10	281	3 21 528	8
232	2 65 461	11	282	3 22 673	9
233	2 66 605	12	283	3 23 817	10
234	2 67 750	»	284	3 24 961	11
235	2 68 894	1	285	3 26 105	12
236	2 70 038	2	286	3 27 250	»
237	2 71 182	3	287	3 28 394	1
238	2 72 326	4	288	3 29 538	2
239	2 73 471	5	289	3 30 682	3
240	2 74 615	6	290	3 31 826	4
241	2 75 759	7	291	3 32 971	5
242	2 76 903	8	292	3 34 115	6
243	2 78 048	9	293	3 35 259	7
244	2 79 192	10	294	3 36 403	8
245	2 80 336	11	295	3 37 548	9
246	2 81 480	12	296	3 38 692	10
247	2 82 625	»	297	3 39 836	11
248	2 83 769	1	298	3 40 980	12
249	2 84 913	2	299	3 42 125	»
250	2 86 057	3	300	3 43 269	1

n°ˢ	Périodes
1	230769
2	461538
3	692307
4	923076
5	153846
6	384615
7	615384
8	846153
9	076923
10	307692
11	538461
12	769230

nos	Périodes
1	538461
2	076923
3	615384
4	153846
5	692307
6	230769
7	769230
8	307692
9	846153
10	384615
11	923076
12	461538

Sommes	Intérêts (f. c.)	nos	Sommes	Intérêts (f. c.)	nos
1	» 01 211	1	51	» 61 788	12
2	» 02 423	2	52	» 63 000	»
3	» 03 634	3	53	» 64 211	1
4	» 04 846	4	54	» 65 423	2
5	» 06 057	5	55	» 66 634	3
6	» 07 269	6	56	» 67 846	4
7	» 08 480	7	57	» 69 057	5
8	» 09 692	8	58	» 70 269	6
9	» 10 903	9	59	» 71 480	7
10	» 12 115	10	60	» 72 692	8
11	» 13 326	11	61	» 73 903	9
12	» 14 538	12	62	» 75 115	10
13	» 15 750	»	63	» 76 326	11
14	» 16 961	1	64	» 77 538	12
15	» 18 173	2	65	» 78 750	»
16	» 19 384	3	66	» 79 961	1
17	» 20 596	4	67	» 81 173	2
18	» 21 807	5	68	» 82 384	3
19	» 23 019	6	69	» 83 596	4
20	» 24 230	7	70	» 84 807	5
21	» 25 442	8	71	» 86 019	6
22	» 26 653	9	72	» 87 230	7
23	» 27 865	10	73	» 88 442	8
24	» 29 076	11	74	» 89 653	9
25	» 30 288	12	75	» 90 865	10
26	» 31 500	»	76	» 92 076	11
27	» 32 711	1	77	» 93 288	12
28	» 33 923	2	78	» 94 500	»
29	» 35 134	3	79	» 95 711	1
30	» 36 346	4	80	» 96 923	2
31	» 37 557	5	81	» 98 134	3
32	» 38 769	6	82	» 99 346	4
33	» 39 980	7	83	1 00 557	5
34	» 41 192	8	84	1 01 769	6
35	» 42 403	9	85	1 02 980	7
36	» 43 615	10	86	1 04 192	8
37	» 44 826	11	87	1 05 403	9
38	» 46 038	12	88	1 06 615	10
39	» 47 250	»	89	1 07 826	11
40	» 48 461	1	90	1 09 038	12
41	» 49 673	2	91	1 10 250	»
42	» 50 884	3	92	1 11 461	1
43	» 52 096	4	93	1 12 673	2
44	» 53 307	5	94	1 13 884	3
45	» 54 519	6	95	1 15 096	4
46	» 55 730	7	96	1 16 307	5
47	» 56 942	8	97	1 17 519	6
48	» 58 153	9	98	1 18 730	7
49	» 59 365	10	99	1 19 942	8
50	» 60 576	11	100	1 21 153	9

Sommes	Intérêts (f. c.)	nos	Sommes	Intérêts (f. c.)	nos
101	1 22 365	10	151	1 82 942	8
102	1 23 576	11	152	1 84 153	9
103	1 24 788	12	153	1 85 365	10
104	1 26 000	»	154	1 86 576	11
105	1 27 211	1	155	1 87 788	12
106	1 28 423	2	156	1 89 000	»
107	1 29 634	3	157	1 90 211	1
108	1 30 846	4	158	1 91 423	2
109	1 32 057	5	159	1 92 634	3
110	1 33 269	6	160	1 93 846	4
111	1 34 480	7	161	1 95 057	5
112	1 35 692	8	162	1 96 269	6
113	1 36 903	9	163	1 97 480	7
114	1 38 115	10	164	1 98 692	8
115	1 39 326	11	165	1 99 903	9
116	1 40 538	12	166	2 01 115	10
117	1 41 750	»	167	2 02 326	11
118	1 42 961	1	168	2 03 538	12
119	1 44 173	2	169	2 04 750	»
120	1 45 384	3	170	2 05 961	1
121	1 46 596	4	171	2 07 173	2
122	1 47 807	5	172	2 08 384	3
123	1 49 019	6	173	2 09 596	4
124	1 50 230	7	174	2 10 807	5
125	1 51 442	8	175	2 12 019	6
126	1 52 653	9	176	2 13 230	7
127	1 53 865	10	177	2 14 442	8
128	1 55 076	11	178	2 15 653	9
129	1 56 288	12	179	2 16 865	10
130	1 57 500	»	180	2 18 076	11
131	1 58 711	1	181	2 19 288	12
132	1 59 923	2	182	2 20 500	»
133	1 61 134	3	183	2 21 711	1
134	1 62 346	4	184	2 22 923	2
135	1 63 557	5	185	2 24 134	3
136	1 64 769	6	186	2 25 346	4
137	1 65 980	7	187	2 26 557	5
138	1 67 192	8	188	2 27 769	6
139	1 68 403	9	189	2 28 980	7
140	1 69 615	10	190	2 30 192	8
141	1 70 826	11	191	2 31 403	9
142	1 72 038	12	192	2 32 615	10
143	1 73 250	»	193	2 33 826	11
144	1 74 461	1	194	2 35 038	12
145	1 75 673	2	195	2 36 250	»
146	1 76 884	3	196	2 37 461	1
147	1 78 096	4	197	2 38 673	2
148	1 79 307	5	198	2 39 884	3
149	1 80 519	6	199	2 41 096	4
150	1 81 730	7	200	2 42 307	5

Sommes	Intérêts (f. c.)	nos	Sommes	Intérêts (f. c.)	nos
201	2 43 519	6	251	3 04 096	4
202	2 44 730	7	252	3 05 307	5
203	2 45 942	8	253	3 06 519	6
204	2 47 153	9	254	3 07 730	7
205	2 48 365	10	255	3 08 942	8
206	2 49 576	11	256	3 10 153	9
207	2 50 788	12	257	3 11 365	10
208	2 52 000	»	258	3 12 576	11
209	2 53 211	1	259	3 13 788	12
210	2 54 423	2	260	3 15 000	»
211	2 55 634	3	261	3 16 211	1
212	2 56 846	4	262	3 17 423	2
213	2 58 057	5	263	3 18 634	3
214	2 59 269	6	264	3 19 846	4
215	2 60 480	7	265	3 21 057	5
216	2 61 692	8	266	3 22 269	6
217	2 62 903	9	267	3 23 480	7
218	2 64 115	10	268	3 24 692	8
219	2 65 326	11	269	3 25 903	9
220	2 66 538	12	270	3 27 115	10
221	2 67 750	»	271	3 28 326	11
222	2 68 961	1	272	3 29 538	12
223	2 70 173	2	273	3 30 750	»
224	2 71 384	3	274	3 31 961	1
225	2 72 596	4	275	3 33 173	2
226	2 73 807	5	276	3 34 384	3
227	2 75 019	6	277	3 35 596	4
228	2 76 230	7	278	3 36 807	5
229	2 77 442	8	279	3 38 019	6
230	2 78 653	9	280	3 39 230	7
231	2 79 865	10	281	3 40 442	8
232	2 81 076	11	282	3 41 653	9
233	2 82 288	12	283	3 42 865	10
234	2 83 500	»	284	3 44 076	11
235	2 84 741	1	285	3 45 288	12
236	2 85 923	2	286	3 46 500	»
237	2 87 134	3	287	3 47 711	1
238	2 88 346	4	288	3 48 923	2
239	2 89 557	5	289	3 50 134	3
240	2 90 769	6	290	3 51 346	4
241	2 91 980	7	291	3 52 557	5
242	2 93 192	8	292	3 53 769	6
243	2 94 403	9	293	3 54 980	7
244	2 95 615	10	294	3 56 192	8
245	2 96 826	11	295	3 57 403	9
246	2 98 038	12	296	3 58 615	10
247	2 99 250	»	297	3 59 826	11
248	3 00 461	1	298	3 61 038	12
249	3 01 673	2	299	3 62 250	»
250	3 02 884	3	300	3 63 461	1

Sommes	Intérêts (f. c.)	n°s	Sommes	Intérêts (f. c.)	n°s
1	» 01 278	1	51	» 65 221	12
2	» 02 557	2	52	» 66 500	»
3	» 03 836	3	53	» 67 778	1
4	» 05 115	4	54	» 69 057	2
5	» 06 394	5	55	» 70 336	3
6	» 07 673	6	56	» 71 615	4
7	» 08 951	7	57	» 72 894	5
8	» 10 230	8	58	» 74 173	6
9	» 11 509	9	59	» 75 451	7
10	» 12 788	10	60	» 76 730	8
11	» 14 067	11	61	» 78 009	9
12	» 15 346	12	62	» 79 288	10
13	» 16 625	»	63	» 80 567	11
14	» 17 903	1	64	» 81 846	12
15	» 19 182	2	65	» 83 125	»
16	» 20 461	3	66	» 84 403	1
17	» 21 740	4	67	» 85 682	2
18	» 23 019	5	68	» 86 961	3
19	» 24 298	6	69	» 88 240	4
20	» 25 576	7	70	» 89 519	5
21	» 26 855	8	71	» 90 798	6
22	» 28 134	9	72	» 92 076	7
23	» 29 413	10	73	» 93 355	8
24	» 30 692	11	74	» 94 634	9
25	» 31 971	12	75	» 95 913	10
26	» 33 250	»	76	» 97 192	11
27	» 34 528	1	77	» 98 471	12
28	» 35 807	2	78	» 99 750	»
29	» 37 086	3	79	1 01 028	1
30	» 38 365	4	80	1 02 307	2
31	» 39 644	5	81	1 03 586	3
32	» 40 923	6	82	1 04 865	4
33	» 42 201	7	83	1 06 144	5
34	» 43 480	8	84	1 07 423	6
35	» 44 759	9	85	1 08 701	7
36	» 46 038	10	86	1 09 980	8
37	» 47 317	11	87	1 11 259	9
38	» 48 596	12	88	1 12 538	10
39	» 49 875	»	89	1 13 817	11
40	» 51 153	1	90	1 15 096	12
41	» 52 432	2	91	1 16 375	»
42	» 53 711	3	92	1 17 653	1
43	» 54 990	4	93	1 18 932	2
44	» 56 269	5	94	1 20 211	3
45	» 57 548	6	95	1 21 490	4
46	» 58 826	7	96	1 22 769	5
47	» 60 105	8	97	1 24 048	6
48	» 61 384	9	98	1 25 326	7
49	» 62 663	10	99	1 26 605	8
50	» 63 942	11	100	1 27 884	9

Sommes	Intérêts (f. c.)	n°s	Sommes	Intérêts (f. c.)	n°s
101	1 29 163	10	151	1 93 105	8
102	1 30 442	11	152	1 94 384	9
103	1 31 721	12	153	1 95 663	10
104	1 33 000	»	154	1 96 942	11
105	1 34 278	1	155	1 98 221	12
106	1 35 557	2	156	1 99 500	»
107	1 36 836	3	157	2 00 778	1
108	1 38 115	4	158	2 02 057	2
109	1 39 394	5	159	2 03 336	3
110	1 40 673	6	160	2 04 615	4
111	1 41 951	7	161	2 05 894	5
112	1 43 230	8	162	2 07 173	6
113	1 44 509	9	163	2 08 451	7
114	1 45 788	10	164	2 09 730	8
115	1 47 067	11	165	2 11 009	9
116	1 48 346	12	166	2 12 288	10
117	1 49 625	»	167	2 13 567	11
118	1 50 903	1	168	2 14 846	12
119	1 52 182	2	169	2 16 125	»
120	1 53 461	3	170	2 17 403	1
121	1 54 740	4	171	2 18 682	2
122	1 56 019	5	172	2 19 961	3
123	1 57 298	6	173	2 21 240	4
124	1 58 576	7	174	2 22 519	5
125	1 59 855	8	175	2 23 798	6
126	1 61 134	9	176	2 25 076	7
127	1 62 413	10	177	2 26 355	8
128	1 63 692	11	178	2 27 634	9
129	1 64 971	12	179	2 28 913	10
130	1 66 250	»	180	2 30 192	11
131	1 67 528	1	181	2 31 471	12
132	1 68 807	2	182	2 32 750	»
133	1 70 086	3	183	2 34 028	1
134	1 71 365	4	184	2 35 307	2
135	1 72 644	5	185	2 36 586	3
136	1 73 923	6	186	2 37 865	4
137	1 75 201	7	187	2 39 144	5
138	1 76 480	8	188	2 40 423	6
139	1 77 759	9	189	2 41 701	7
140	1 79 038	10	190	2 42 980	8
141	1 80 317	11	191	2 44 259	9
142	1 81 596	12	192	2 45 538	10
143	1 82 875	»	193	2 46 817	11
144	1 84 153	1	194	2 48 096	12
145	1 85 432	2	195	2 49 375	»
146	1 86 711	3	196	2 50 653	1
147	1 87 990	4	197	2 51 932	2
148	1 89 269	5	198	2 53 211	3
149	1 90 548	6	199	2 54 490	4
150	1 91 826	7	200	2 55 769	5

Sommes	Intérêts (f. c.)	n°s	Sommes	Intérêts (f. c.)	n°s
201	2 57 048	6	251	3 20 990	4
202	2 58 326	7	252	3 22 269	5
203	2 59 605	8	253	3 23 548	6
204	2 60 884	9	254	3 24 826	7
205	2 62 163	10	255	3 26 105	8
206	2 63 442	11	256	3 27 384	9
207	2 64 721	12	257	3 28 663	10
208	2 66 000	»	258	3 29 942	11
209	2 67 278	1	259	3 31 221	12
210	2 68 557	2	260	3 32 500	»
211	2 69 836	3	261	3 33 778	1
212	2 71 115	4	262	3 35 057	2
213	2 72 394	5	263	3 36 336	3
214	2 73 673	6	264	3 37 615	4
215	2 74 951	7	265	3 38 894	5
216	2 76 230	8	266	3 40 173	6
217	2 77 509	9	267	3 41 451	7
218	2 78 788	10	268	3 42 730	8
219	2 80 067	11	269	3 44 009	9
220	2 81 346	12	270	3 45 288	10
221	2 82 625	»	271	3 46 567	11
222	2 83 903	1	272	3 47 846	12
223	2 85 182	2	273	3 49 125	»
224	2 86 461	3	274	3 50 403	1
225	2 87 740	4	275	3 51 682	2
226	2 89 019	5	276	3 52 961	3
227	2 90 298	6	277	3 54 240	4
228	2 91 576	7	278	3 55 519	5
229	2 92 855	8	279	3 56 798	6
230	2 94 134	9	280	3 58 076	7
231	2 95 413	10	281	3 59 355	8
232	2 96 692	11	282	3 60 634	9
233	2 97 971	12	283	3 61 913	10
234	2 99 250	»	284	3 63 192	11
235	3 00 528	1	285	3 64 471	12
236	3 01 807	2	286	3 65 750	»
237	3 03 086	3	287	3 67 028	1
238	3 04 365	4	288	3 68 307	2
239	3 05 644	5	289	3 69 586	3
240	3 06 923	6	290	3 70 865	4
241	3 08 201	7	291	3 72 144	5
242	3 09 480	8	292	3 73 423	6
243	3 10 759	9	293	3 74 701	7
244	3 12 038	10	294	3 75 980	8
245	3 13 317	11	295	3 77 259	9
246	3 14 596	12	296	3 78 538	10
247	3 15 875	»	297	3 79 817	11
248	3 17 153	1	298	3 81 096	12
249	3 18 432	2	299	3 82 375	»
250	3 19 711	3	300	3 83 653	1

n°s	Périodes
1	846153
2	692307
3	538461
4	384615
5	230769
6	076923
7	923076
8	769230
9	615384
10	461538
11	307692
12	153846

n°s	Périodes
1	153846
2	307692
3	461538
4	615384
5	769230
6	923076
7	076923
8	230769
9	384615
10	538461
11	692307
12	846153

Sommes	Intérêts (f. c.)	n°s	Sommes	Intérêts (f. c.)	n°s
1	» 01 346	1	51	» 68 653	12
2	» 02 692	2	52	» 70 000	»
3	» 04 038	3	53	» 71 346	1
4	» 05 384	4	54	» 72 692	2
5	» 06 730	5	55	» 74 038	3
6	» 08 076	6	56	» 75 384	4
7	» 09 423	7	57	» 76 730	5
8	» 10 769	8	58	» 78 076	6
9	» 12 115	9	59	» 79 423	7
10	» 13 461	10	60	» 80 769	8
11	» 14 807	11	61	» 82 115	9
12	» 16 153	12	62	» 83 461	10
13	» 17 500	»	63	» 84 807	11
14	» 18 846	1	64	» 86 153	12
15	» 20 192	2	65	» 87 500	»
16	» 21 538	3	66	» 88 846	1
17	» 22 884	4	67	» 90 192	2
18	» 24 230	5	68	» 91 538	3
19	» 25 576	6	69	» 92 884	4
20	» 26 923	7	70	» 94 230	5
21	» 28 269	8	71	» 95 576	6
22	» 29 615	9	72	» 96 923	7
23	» 30 961	10	73	» 98 269	8
24	» 32 307	11	74	» 99 615	9
25	» 33 653	12	75	1 00 961	10
26	» 35 000	»	76	1 02 307	11
27	» 36 346	1	77	1 03 653	12
28	» 37 692	2	78	1 05 000	»
29	» 39 038	3	79	1 06 346	1
30	» 40 384	4	80	1 07 692	2
31	» 41 730	5	81	1 09 038	3
32	» 43 076	6	82	1 10 384	4
33	» 44 423	7	83	1 11 730	5
34	» 45 769	8	84	1 13 076	6
35	» 47 115	9	85	1 14 423	7
36	» 48 461	10	86	1 15 769	8
37	» 49 807	11	87	1 17 115	9
38	» 51 153	12	88	1 18 461	10
39	» 52 500	»	89	1 19 807	11
40	» 53 846	1	90	1 21 153	12
41	» 55 192	2	91	1 22 500	»
42	» 56 538	3	92	1 23 846	1
43	» 57 884	4	93	1 25 192	2
44	» 59 230	5	94	1 26 538	3
45	» 60 576	6	95	1 27 884	4
46	» 61 923	7	96	1 29 230	5
47	» 63 269	8	97	1 30 576	6
48	» 64 615	9	98	1 31 923	7
49	» 65 961	10	99	1 33 269	8
50	» 67 307	11	100	1 34 615	9

Sommes	Intérêts (f. c.)	n°s	Sommes	Intérêts (f. c.)	n°s
101	1 35 961	10	151	2 03 269	8
102	1 37 307	11	152	2 04 615	9
103	1 38 653	12	153	2 05 961	10
104	1 40 000	»	154	2 07 307	11
105	1 41 346	1	155	2 08 653	12
106	1 42 692	2	156	2 10 000	»
107	1 44 038	3	157	2 11 346	1
108	1 45 384	4	158	2 12 692	2
109	1 46 730	5	159	2 14 038	3
110	1 48 076	6	160	2 15 384	4
111	1 49 423	7	161	2 16 730	5
112	1 50 769	8	162	2 18 076	6
113	1 52 115	9	163	2 19 423	7
114	1 53 461	10	164	2 20 769	8
115	1 54 807	11	165	2 22 115	9
116	1 56 153	12	166	2 23 461	10
117	1 57 500	»	167	2 24 807	11
118	1 58 846	1	168	2 26 153	12
119	1 60 192	2	169	2 27 500	»
120	1 61 538	3	170	2 28 846	1
121	1 62 884	4	171	2 30 192	2
122	1 64 230	5	172	2 31 538	3
123	1 65 576	6	173	2 32 884	4
124	1 66 923	7	174	2 34 230	5
125	1 68 269	8	175	2 35 576	6
126	1 69 615	9	176	2 36 923	7
127	1 70 961	10	177	2 38 269	8
128	1 72 307	11	178	2 39 615	9
129	1 73 653	12	179	2 40 961	10
130	1 75 000	»	180	2 42 307	11
131	1 76 346	1	181	2 43 653	12
132	1 77 692	2	182	2 45 000	»
133	1 79 038	3	183	2 46 346	1
134	1 80 384	4	184	2 47 692	2
135	1 81 730	5	185	2 49 038	3
136	1 83 076	6	186	2 50 384	4
137	1 84 423	7	187	2 51 730	5
138	1 85 769	8	188	2 53 076	6
139	1 87 115	9	189	2 54 423	7
140	1 88 461	10	190	2 55 769	8
141	1 89 807	11	191	2 57 115	9
142	1 91 153	12	192	2 58 461	10
143	1 92 500	»	193	2 59 807	11
144	1 93 846	1	194	2 61 153	12
145	1 95 192	2	195	2 62 500	»
146	1 96 538	3	196	2 63 846	1
147	1 97 884	4	197	2 65 192	2
148	1 99 230	5	198	2 66 538	3
149	2 00 576	6	199	2 67 884	4
150	2 01 923	7	200	2 69 230	5

Sommes	Intérêts (f. c.)	n°s	Sommes	Intérêts (f. c.)	n°s
201	2 70 576	6	251	3 37 884	4
202	2 71 923	7	252	3 39 230	5
203	2 73 269	8	253	3 40 576	6
204	2 74 615	9	254	3 41 923	7
205	2 75 961	10	255	3 43 269	8
206	2 77 307	11	256	3 44 615	9
207	2 78 653	12	257	3 45 961	10
208	2 80 000	»	258	3 47 307	11
209	2 81 346	1	259	3 48 653	12
210	2 82 692	2	260	3 50 000	»
211	2 84 038	3	261	3 51 346	1
212	2 85 384	4	262	3 52 692	2
213	2 86 730	5	263	3 54 038	3
214	2 88 076	6	264	3 55 384	4
215	2 89 423	7	265	3 56 730	5
216	2 90 769	8	266	3 58 076	6
217	2 92 115	9	267	3 59 423	7
218	2 93 461	10	268	3 60 769	8
219	2 94 807	11	269	3 62 115	9
220	2 96 153	12	270	3 63 461	10
221	2 97 500	»	271	3 64 807	11
222	2 98 846	1	272	3 66 153	12
223	3 00 192	2	273	3 67 500	»
224	3 01 538	3	274	3 68 846	1
225	3 02 884	4	275	3 70 192	2
226	3 04 230	5	276	3 71 538	3
227	3 05 576	6	277	3 72 884	4
228	3 06 923	7	278	3 74 230	5
229	3 08 269	8	279	3 75 576	6
230	3 09 615	9	280	3 76 923	7
231	3 10 961	10	281	3 78 269	8
232	3 12 307	11	282	3 79 615	9
233	3 13 653	12	283	3 80 961	10
234	3 15 000	»	284	3 82 307	11
235	3 16 346	1	285	3 83 653	12
236	3 17 692	2	286	3 85 000	»
237	3 19 038	3	287	3 86 346	1
238	3 20 384	4	288	3 87 692	2
239	3 21 730	5	289	3 89 038	3
240	3 23 076	6	290	3 90 384	4
241	3 24 423	7	291	3 91 730	5
242	3 25 769	8	292	3 93 076	6
243	3 27 115	9	293	3 94 423	7
244	3 28 461	10	294	3 95 769	8
245	3 29 807	11	295	3 97 115	9
246	3 31 153	12	296	3 98 461	10
247	2 32 500	»	297	3 99 807	11
248	3 33 846	1	298	4 01 153	12
249	3 35 192	2	299	4 02 500	»
250	3 36 538	3	300	4 03 846	1

Première partie (Sommes 1 à 100)

Sommes	Intérêts	n°s	Sommes	Intérêts	n°s
	f. c.			f. c.	
1	» 01 413	1	51	» 72 086	12
2	» 02 826	2	52	» 73 500	»
3	» 04 240	3	53	» 74 913	1
4	» 05 653	4	54	» 76 326	2
5	» 07 067	5	55	» 77 740	3
6	» 08 480	6	56	» 79 153	4
7	» 09 894	7	57	» 80 567	5
8	» 11 307	8	58	» 81 980	6
9	» 12 721	9	59	» 83 394	7
10	» 14 134	10	60	» 84 807	8
11	» 15 548	11	61	» 86 221	9
12	» 16 961	12	62	» 87 634	10
13	» 18 375	»	63	» 89 048	11
14	» 19 788	1	64	» 90 461	12
15	» 21 201	2	65	» 91 875	»
16	» 22 615	3	66	» 93 288	1
17	» 24 028	4	67	» 94 701	2
18	» 25 442	5	68	» 96 115	3
19	» 26 855	6	69	» 97 528	4
20	» 28 269	7	70	» 98 942	5
21	» 29 682	8	71	1 00 355	6
22	» 31 096	9	72	1 01 769	7
23	» 32 509	10	73	1 03 182	8
24	» 33 923	11	74	1 04 596	9
25	» 35 336	12	75	1 06 009	10
26	» 36 750	»	76	1 07 423	11
27	» 38 163	1	77	1 08 836	12
28	» 39 576	2	78	1 10 250	»
29	» 40 990	3	79	1 11 663	1
30	» 42 403	4	80	1 13 076	2
31	» 43 817	5	81	1 14 490	3
32	» 45 230	6	82	1 15 903	4
33	» 46 644	7	83	1 17 317	5
34	» 48 057	8	84	1 18 730	6
35	» 49 471	9	85	1 20 144	7
36	» 50 884	10	86	1 21 557	8
37	» 52 298	11	87	1 22 971	9
38	» 53 711	12	88	1 24 384	10
39	» 55 125	»	89	1 25 798	11
40	» 56 538	1	90	1 27 211	12
41	» 57 951	2	91	1 28 625	»
42	» 59 365	3	92	1 30 038	1
43	» 60 778	4	93	1 31 451	2
44	» 62 192	5	94	1 32 865	3
45	» 63 605	6	95	1 34 278	4
46	» 65 019	7	96	1 35 692	5
47	» 66 432	8	97	1 37 105	6
48	» 67 846	9	98	1 38 519	7
49	» 69 259	10	99	1 39 932	8
50	» 70 673	11	100	1 41 346	9

Deuxième partie (Sommes 101 à 200)

Sommes	Intérêts	n°s	Sommes	Intérêts	n°s
	f. c.			f. c.	
101	1 42 759	10	151	2 13 432	8
102	1 44 173	11	152	2 14 846	9
103	1 45 586	12	153	2 16 259	10
104	1 47 000	»	154	2 17 673	11
105	1 48 413	1	155	2 19 086	12
106	1 49 826	2	156	2 20 500	»
107	1 51 240	3	157	2 21 913	1
108	1 52 653	4	158	2 23 326	2
109	1 54 067	5	159	2 24 740	3
110	1 55 480	6	160	2 26 153	4
111	1 56 894	7	161	2 27 567	5
112	1 58 307	8	162	2 28 980	6
113	1 59 721	9	163	2 30 394	7
114	1 61 134	10	164	2 31 807	8
115	1 62 548	11	165	2 33 221	9
116	1 63 961	12	166	2 34 634	10
117	1 65 375	»	167	2 36 048	11
118	1 66 788	1	168	2 37 461	12
119	1 68 201	2	169	2 38 875	»
120	1 69 615	3	170	2 40 288	1
121	1 71 028	4	171	2 41 701	2
122	1 72 442	5	172	2 43 115	3
123	1 73 855	6	173	2 44 528	4
124	1 75 269	7	174	2 45 942	5
125	1 76 682	8	175	2 47 355	6
126	1 78 096	9	176	2 48 769	7
127	1 79 509	10	177	2 50 182	8
128	1 80 923	11	178	2 51 596	9
129	1 82 336	12	179	2 53 009	10
130	1 83 750	»	180	2 54 423	11
131	1 85 163	1	181	2 55 836	12
132	1 86 576	2	182	2 57 250	»
133	1 87 990	3	183	2 58 663	1
134	1 89 403	4	184	2 60 076	2
135	1 90 817	5	185	2 61 490	3
136	1 92 230	6	186	2 62 903	4
137	1 93 644	7	187	2 64 317	5
138	1 95 057	8	188	2 65 730	6
139	1 96 471	9	189	2 67 144	7
140	1 97 884	10	190	2 68 557	8
141	1 99 298	11	191	2 69 971	9
142	2 00 711	12	192	2 71 384	10
143	2 02 125	»	193	2 72 798	11
144	2 03 538	1	194	2 74 211	12
145	2 04 951	2	195	2 75 625	»
146	2 06 365	3	196	2 77 038	1
147	2 07 778	4	197	2 78 451	2
148	2 09 192	5	198	2 79 865	3
149	2 10 605	6	199	2 81 278	4
150	2 12 019	7	200	2 82 692	5

Troisième partie (Sommes 201 à 300)

Sommes	Intérêts	n°s	Sommes	Intérêts	n°s
	f. c.			f. c.	
201	2 84 105	6	251	3 54 778	4
202	2 85 519	7	252	3 56 192	5
203	2 86 932	8	253	3 57 605	6
204	2 88 346	9	254	3 59 019	7
205	2 89 759	10	255	3 60 432	8
206	2 91 173	11	256	3 61 846	9
207	2 92 586	12	257	3 63 259	10
208	2 94 000	»	258	3 64 673	11
209	2 95 413	1	259	3 66 086	12
210	2 96 826	2	260	3 67 500	»
211	2 98 240	3	261	3 68 913	1
212	2 99 653	4	262	3 70 326	2
213	3 01 067	5	263	3 71 740	3
214	3 02 480	6	264	3 73 153	4
215	3 03 894	7	265	3 74 567	5
216	3 05 307	8	266	3 75 980	6
217	3 06 721	9	267	3 77 394	7
218	3 08 134	10	268	3 78 807	8
219	3 09 548	11	269	3 80 221	9
220	3 10 961	12	270	3 81 634	10
221	3 12 375	»	271	3 83 048	11
222	3 13 788	1	272	3 84 461	12
223	3 15 201	2	273	3 85 875	»
224	3 16 615	3	274	3 87 288	1
225	3 18 028	4	275	3 88 701	2
226	3 19 442	5	276	3 90 115	3
227	3 20 855	6	277	3 91 528	4
228	3 22 269	7	278	3 92 942	5
229	3 23 682	8	279	3 94 355	6
230	3 25 096	9	280	3 95 769	7
231	3 26 509	10	281	3 97 182	8
232	3 27 923	11	282	3 98 596	9
233	3 29 336	12	283	4 00 009	10
234	3 30 750	»	284	4 01 423	11
235	3 32 163	1	285	4 02 836	12
236	3 33 576	2	286	4 04 250	»
237	3 34 990	3	287	4 05 663	1
238	3 36 403	4	288	4 07 076	2
239	3 37 817	5	289	4 08 490	3
240	3 39 230	6	290	4 09 903	4
241	3 40 644	7	291	4 11 317	5
242	3 42 057	8	292	4 12 730	6
243	3 43 471	9	293	4 14 144	7
244	3 44 884	10	294	4 15 557	8
245	3 46 298	11	295	4 16 971	9
246	3 47 711	12	296	4 18 384	10
247	3 49 125	»	297	4 19 798	11
248	3 50 538	1	298	4 21 211	12
249	3 51 951	2	299	4 22 625	»
250	3 53 365	3	300	4 24 038	1

n°s	Périodes
1	461538
2	923076
3	384615
4	846153
5	307692
6	769230
7	230769
8	692307
9	153846
10	615384
11	076923
12	538461

nos	Périodes
1	769230
2	538461
3	307692
4	076923
5	846153
6	615384
7	384615
8	153846
9	923076
10	692307
11	461538
12	230769

Sommes	Intérêts (f. c.)	nos	Sommes	Intérêts (f. c.)	nos
1	» 01 480	1	51	» 75 519	12
2	» 02 961	2	52	» 77 000	»
3	» 04 442	3	53	» 78 480	1
4	» 05 923	4	54	» 79 961	2
5	» 07 403	5	55	» 81 442	3
6	» 08 884	6	56	» 82 923	4
7	» 10 365	7	57	» 84 403	5
8	» 11 846	8	58	» 85 884	6
9	» 13 326	9	59	» 87 365	7
10	» 14 807	10	60	» 88 846	8
11	» 16 288	11	61	» 90 326	9
12	» 17 769	12	62	» 91 807	10
13	» 19 250	»	63	» 93 288	11
14	» 20 730	1	64	» 94 769	12
15	» 22 211	2	65	» 96 250	»
16	» 23 692	3	66	» 97 730	1
17	» 25 173	4	67	» 99 211	2
18	» 26 653	5	68	1 00 692	3
19	» 28 134	6	69	1 02 173	4
20	» 29 615	7	70	1 03 653	5
21	» 31 096	8	71	1 05 134	6
22	» 32 576	9	72	1 06 615	7
23	» 34 057	10	73	1 08 096	8
24	» 35 538	11	74	1 09 576	9
25	» 37 019	12	75	1 11 057	10
26	» 38 500	»	76	1 12 538	11
27	» 39 980	1	77	1 14 019	12
28	» 41 461	2	78	1 15 500	»
29	» 42 942	3	79	1 16 980	1
30	» 44 423	4	80	1 18 461	2
31	» 45 903	5	81	1 19 942	3
32	» 47 384	6	82	1 21 423	4
33	» 48 865	7	83	1 22 903	5
34	» 50 346	8	84	1 24 384	6
35	» 51 826	9	85	1 25 865	7
36	» 53 307	10	86	1 27 346	8
37	» 54 788	11	87	1 28 826	9
38	» 56 269	12	88	1 30 307	10
39	» 57 750	»	89	1 31 788	11
40	» 59 230	1	90	1 33 269	12
41	» 60 711	2	91	1 34 750	»
42	» 62 192	3	92	1 36 230	1
43	» 63 673	4	93	1 37 711	2
44	» 65 153	5	94	1 39 192	3
45	» 66 634	6	95	1 40 673	4
46	» 68 115	7	96	1 42 153	5
47	» 69 596	8	97	1 43 634	6
48	» 71 076	9	98	1 45 115	7
49	» 72 557	10	99	1 46 596	8
50	» 74 038	11	100	1 48 076	9

Sommes	Intérêts (f. c.)	nos	Sommes	Intérêts (f. c.)	nos
101	1 49 557	10	151	2 23 596	8
102	1 51 038	11	152	2 25 076	9
103	1 52 519	12	153	2 26 557	10
104	1 54 000	»	154	2 28 038	11
105	1 55 480	1	155	2 29 519	12
106	1 56 961	2	156	2 31 000	»
107	1 58 442	3	157	2 32 480	1
108	1 59 923	4	158	2 33 961	2
109	1 61 403	5	159	2 35 442	3
110	1 62 884	6	160	2 36 923	4
111	1 64 365	7	161	2 38 403	5
112	1 65 846	8	162	2 39 884	6
113	1 67 326	9	163	2 41 365	7
114	1 68 807	10	164	2 42 846	8
115	1 70 288	11	165	2 44 326	9
116	1 71 769	12	166	2 45 807	10
117	1 73 250	»	167	2 47 288	11
118	1 74 730	1	168	2 48 769	12
119	1 76 211	2	169	2 50 250	»
120	1 77 692	3	170	2 51 730	1
121	1 79 173	4	171	2 53 211	2
122	1 80 653	5	172	2 54 692	3
123	1 82 134	6	173	2 56 173	4
124	1 83 615	7	174	2 57 653	5
125	1 85 096	8	175	2 59 134	6
126	1 86 576	9	176	2 60 615	7
127	1 88 057	10	177	2 62 096	8
128	1 89 538	11	178	2 63 576	9
129	1 91 019	12	179	2 65 057	10
130	1 92 500	»	180	2 66 538	11
131	1 93 980	1	181	2 68 019	12
132	1 95 461	2	182	2 69 500	»
133	1 96 942	3	183	2 70 980	1
134	1 98 423	4	184	2 72 461	2
135	1 99 903	5	185	2 73 942	3
136	2 01 384	6	186	2 75 423	4
137	2 02 865	7	187	2 76 903	5
138	2 04 346	8	188	2 78 384	6
139	2 05 826	9	189	2 79 865	7
140	2 07 307	10	190	2 81 346	8
141	2 08 788	11	191	2 82 826	9
142	2 10 269	12	192	2 84 307	10
143	2 11 750	»	193	2 85 788	11
144	2 13 230	1	194	2 87 269	12
145	2 14 711	2	195	2 88 750	»
146	2 16 192	3	196	2 90 230	1
147	2 17 673	4	197	2 91 711	2
148	2 19 153	5	198	2 93 192	3
149	2 20 634	6	199	2 94 673	4
150	2 22 115	7	200	2 96 153	5

Sommes	Intérêts (f. c.)	nos	Sommes	Intérêts (f. c.)	nos
201	2 97 634	6	251	3 71 673	4
202	2 99 115	7	252	3 73 153	5
203	3 00 596	8	253	3 74 634	6
204	3 02 076	9	254	3 76 115	7
205	3 03 557	10	255	3 77 596	8
206	3 05 038	11	256	3 79 076	9
207	3 06 519	12	257	3 80 557	10
208	3 08 000	»	258	3 82 038	11
209	3 09 480	1	259	3 83 519	12
210	3 10 961	2	260	3 85 000	»
211	3 12 442	3	261	3 86 480	1
212	3 13 923	4	262	3 87 961	2
213	3 15 403	5	263	3 89 442	3
214	3 16 884	6	264	3 90 923	4
215	3 18 365	7	265	3 92 403	5
216	3 19 846	8	266	3 93 884	6
217	3 21 326	9	267	3 95 365	7
218	3 22 807	10	268	3 96 846	8
219	3 24 288	11	269	3 98 326	9
220	3 25 769	12	270	3 99 807	10
221	3 27 250	»	271	4 01 288	11
222	3 28 730	1	272	4 02 769	12
223	3 30 211	2	273	4 04 250	»
224	3 31 692	3	274	4 05 730	1
225	3 33 173	4	275	4 07 211	2
226	3 34 653	5	276	4 08 692	3
227	3 36 134	6	277	4 10 173	4
228	3 37 615	7	278	4 11 653	5
229	3 39 096	8	279	4 13 134	6
230	3 40 576	9	280	4 14 615	7
231	3 42 057	10	281	4 16 096	8
232	3 43 538	11	282	4 17 576	9
233	3 45 019	12	283	4 19 057	10
234	3 46 500	»	284	4 20 538	11
235	3 47 980	1	285	4 22 019	12
236	3 49 461	2	286	4 23 500	»
237	3 50 942	3	287	4 24 980	1
238	3 52 423	4	288	4 26 461	2
239	3 53 903	5	289	4 27 942	3
240	3 55 384	6	290	4 29 423	4
241	3 56 865	7	291	4 30 903	5
242	3 58 346	8	292	4 32 384	6
243	3 59 826	9	293	4 33 865	7
244	3 61 307	10	294	4 35 346	8
245	3 62 788	11	295	4 36 826	9
246	3 64 269	12	296	4 38 307	10
247	3 65 750	»	297	4 39 788	11
248	3 67 230	1	298	4 41 269	12
249	3 68 711	2	299	4 42 750	»
250	3 70 192	3	300	4 44 230	1

Sommes	Intérêts	nos	Sommes	Intérêts	nos
	f. c.			f. c.	
1	» 01 548	1	51	» 78 951	12
2	» 03 096	2	52	» 80 500	»
3	» 04 644	3	53	» 82 048	1
4	» 06 192	4	54	» 83 596	2
5	» 07 740	5	55	» 85 144	3
6	» 09 288	6	56	» 86 692	4
7	» 10 836	7	57	» 88 240	5
8	» 12 384	8	58	» 89 788	6
9	» 13 932	9	59	» 91 336	7
10	» 15 480	10	60	» 92 884	8
11	» 17 028	11	61	» 94 432	9
12	» 18 576	12	62	» 95 980	10
13	» 20 125	»	63	» 97 528	11
14	» 21 673	1	64	» 99 076	12
15	» 23 221	2	65	1 00 625	»
16	» 24 769	3	66	1 02 173	1
17	» 26 317	4	67	1 03 721	2
18	» 27 865	5	68	1 05 269	3
19	» 29 413	6	69	1 06 817	4
20	» 30 961	7	70	1 08 365	5
21	» 32 509	8	71	1 09 913	6
22	» 34 057	9	72	1 11 461	7
23	» 35 605	10	73	1 13 009	8
24	» 37 153	11	74	1 14 557	9
25	» 38 701	12	75	1 16 105	10
26	» 40 250	»	76	1 17 653	11
27	» 41 798	1	77	1 19 201	12
28	» 43 346	2	78	1 20 750	»
29	» 44 894	3	79	1 22 298	1
30	» 46 442	4	80	1 23 846	2
31	» 47 990	5	81	1 25 394	3
32	» 49 538	6	82	1 26 942	4
33	» 51 086	7	83	1 28 490	5
34	» 52 634	8	84	1 30 038	6
35	» 54 182	9	85	1 31 586	7
36	» 55 730	10	86	1 33 134	8
37	» 57 278	11	87	1 34 682	9
38	» 58 826	12	88	1 36 230	10
39	» 60 375	»	89	1 37 778	11
40	» 61 923	1	90	1 39 326	12
41	» 63 471	2	91	1 40 875	»
42	» 65 019	3	92	1 42 423	1
43	» 66 567	4	93	1 43 971	2
44	» 68 115	5	94	1 45 519	3
45	» 69 663	6	95	1 47 067	4
46	» 71 211	7	96	1 48 615	5
47	» 72 759	8	97	1 50 163	6
48	» 74 307	9	98	1 51 711	7
49	» 75 855	10	99	1 53 259	8
50	» 77 403	11	100	1 54 807	9

Sommes	Intérêts	nos	Sommes	Intérêts	nos
	f. c.			f. c.	
101	1 56 355	10	151	2 33 759	8
102	1 57 903	11	152	2 35 307	9
103	1 59 451	12	153	2 36 855	10
104	1 61 000	»	154	2 38 403	11
105	1 62 548	1	155	2 39 951	12
106	1 64 096	2	156	2 41 500	»
107	1 65 644	3	157	2 43 048	1
108	1 67 192	4	158	2 44 596	2
109	1 68 740	5	159	2 46 144	3
110	1 70 288	6	160	2 47 692	4
111	1 71 836	7	161	2 49 240	5
112	1 73 384	8	162	2 50 788	6
113	1 74 932	9	163	2 52 336	7
114	1 76 480	10	164	2 53 884	8
115	1 78 028	11	165	2 55 432	9
116	1 79 576	12	166	2 56 980	10
117	1 81 125	»	167	2 58 528	11
118	1 82 673	1	168	2 60 076	12
119	1 84 221	2	169	2 61 625	»
120	1 85 769	3	170	2 63 173	1
121	1 87 317	4	171	2 64 721	2
122	1 88 865	5	172	2 66 269	3
123	1 90 413	6	173	2 67 817	4
124	1 91 961	7	174	2 69 365	5
125	1 93 509	8	175	2 70 913	6
126	1 95 057	9	176	2 72 461	7
127	1 96 605	10	177	2 74 009	8
128	1 98 153	11	178	2 75 557	9
129	1 99 701	12	179	2 77 105	10
130	2 01 250	»	180	2 78 653	11
131	2 02 798	1	181	2 80 201	12
132	2 04 346	2	182	2 81 750	»
133	2 05 894	3	183	2 83 298	1
134	2 07 442	4	184	2 84 846	2
135	2 08 990	5	185	2 86 394	3
136	2 10 538	6	186	2 87 942	4
137	2 12 086	7	187	2 89 490	5
138	2 13 634	8	188	2 91 038	6
139	2 15 182	9	189	2 92 586	7
140	2 16 730	10	190	2 94 134	8
141	2 18 278	11	191	2 95 682	9
142	2 19 826	12	192	2 97 230	10
143	2 21 375	»	193	2 98 778	11
144	2 22 923	1	194	3 00 326	12
145	2 24 471	2	195	3 01 875	»
146	2 26 019	3	196	3 03 423	1
147	2 27 567	4	197	3 04 971	2
148	2 29 115	5	198	3 06 519	3
149	2 30 663	6	199	3 08 067	4
150	2 32 211	7	200	3 09 615	5

Sommes	Intérêts	nos	Sommes	Intérêts	nos
	f. c.			f. c.	
201	3 11 163	6	251	3 88 567	4
202	3 12 711	7	252	3 90 115	5
203	3 14 259	8	253	3 91 663	6
204	3 15 807	9	254	3 93 211	7
205	3 17 355	10	255	3 94 759	8
206	3 18 903	11	256	3 96 307	9
207	3 20 451	12	257	3 97 855	10
208	3 22 000	»	258	3 99 403	11
209	3 23 548	1	259	4 00 951	12
210	3 25 096	2	260	4 02 500	»
211	3 26 644	3	261	4 04 048	1
212	3 28 192	4	262	4 05 596	2
213	3 29 740	5	263	4 07 144	3
214	3 31 288	6	264	4 08 692	4
215	3 32 836	7	265	4 10 240	5
216	3 34 384	8	266	4 11 788	6
217	3 35 932	9	267	4 13 336	7
218	3 37 480	10	268	4 14 884	8
219	3 39 028	11	269	4 16 432	9
220	3 40 576	12	270	4 17 980	10
221	3 42 125	»	271	4 19 528	11
222	3 43 673	1	272	4 21 076	12
223	3 45 221	2	273	4 22 625	»
224	3 46 769	3	274	4 24 173	1
225	3 48 317	4	275	4 25 721	2
226	3 49 865	5	276	4 27 269	3
227	3 51 413	6	277	4 28 817	4
228	3 52 961	7	278	4 30 365	5
229	3 54 509	8	279	4 31 913	6
230	3 56 057	9	280	4 33 461	7
231	3 57 605	10	281	4 35 009	8
232	3 59 153	11	282	4 36 557	9
233	3 60 701	12	283	4 38 105	10
234	3 62 250	»	284	4 39 653	11
235	3 63 798	1	285	4 41 201	12
236	3 65 346	2	286	4 42 750	»
237	3 66 894	3	287	4 44 298	1
238	3 68 442	4	288	4 45 846	2
239	3 69 990	5	289	4 47 394	3
240	3 71 538	6	290	4 48 942	4
241	3 73 086	7	291	4 50 490	5
242	3 74 634	8	292	4 52 038	6
243	3 76 182	9	293	4 53 586	7
244	3 77 730	10	294	4 55 134	8
245	3 79 278	11	295	4 56 682	9
246	3 80 826	12	296	4 58 230	10
247	3 82 375	»	297	4 59 778	11
248	3 83 923	1	298	4 61 326	12
249	3 85 471	2	299	4 62 875	»
250	3 87 019	3	300	4 64 423	1

nos	Périodes
1	076923
2	153846
3	230769
4	307692
5	384615
6	461538
7	538461
8	615384
9	692307
10	769230
11	846153
12	923076

n^os Périodes

n^os	Périodes
1	384615
2	769230
3	153846
4	538461
5	923076
6	307692
7	692307
8	076923
9	461538
10	846153
11	230769
12	615384

Sommes.	Intérêts. (f.)	(c.)	n^os	Sommes.	Intérêts. (f.)	(c.)	n^os
1	»	01 615	1	51	»	82 384	12
2	»	03 230	2	52	»	84 000	»
3	»	04 846	3	53	»	85 615	1
4	»	06 461	4	54	»	87 230	2
5	»	08 076	5	55	»	88 846	3
6	»	09 692	6	56	»	90 461	4
7	»	11 307	7	57	»	92 076	5
8	»	12 923	8	58	»	93 692	6
9	»	14 538	9	59	»	95 307	7
10	»	16 153	10	60	»	96 923	8
11	»	17 769	11	61	»	98 538	9
12	»	19 384	12	62	1	00 153	10
13	»	21 000	»	63	1	01 769	11
14	»	22 615	1	64	1	03 384	12
15	»	24 230	2	65	1	05 000	»
16	»	25 846	3	66	1	06 615	1
17	»	27 461	4	67	1	08 230	2
18	»	29 076	5	68	1	09 846	3
19	»	30 692	6	69	1	11 461	4
20	»	32 307	7	70	1	13 076	5
21	»	33 923	8	71	1	14 692	6
22	»	35 538	9	72	1	16 307	7
23	»	37 153	10	73	1	17 923	8
24	»	38 769	11	74	1	19 538	9
25	»	40 384	12	75	1	21 153	10
26	»	42 000	»	76	1	22 769	11
27	»	43 615	1	77	1	24 384	12
28	»	45 230	2	78	1	26 000	»
29	»	46 846	3	79	1	27 615	1
30	»	48 461	4	80	1	29 230	2
31	»	50 076	5	81	1	30 846	3
32	»	51 692	6	82	1	32 461	4
33	»	53 307	7	83	1	34 076	5
34	»	54 923	8	84	1	35 692	6
35	»	56 538	9	85	1	37 307	7
36	»	58 153	10	86	1	38 923	8
37	»	59 769	11	87	1	40 538	9
38	»	61 384	12	88	1	42 153	10
39	»	63 000	»	89	1	43 769	11
40	»	64 615	1	90	1	45 384	12
41	»	66 230	2	91	1	47 000	»
42	»	67 846	3	92	1	48 615	1
43	»	69 461	4	93	1	50 230	2
44	»	71 076	5	94	1	51 846	3
45	»	72 692	6	95	1	53 461	4
46	»	74 307	7	96	1	55 076	5
47	»	75 923	8	97	1	56 692	6
48	»	77 538	9	98	1	58 307	7
49	»	79 153	10	99	1	59 923	8
50	»	80 769	11	100	1	61 538	9

Sommes.	Intérêts. (f.)	(c.)	n^os	Sommes.	Intérêts. (f.)	(c.)	n^os
101	1	63 153	10	151	2	43 923	8
102	1	64 769	11	152	2	45 538	9
103	1	66 384	12	153	2	47 153	10
104	1	68 000	»	154	2	48 769	11
105	1	69 615	1	155	2	50 384	12
106	1	71 230	2	156	2	52 000	»
107	1	72 846	3	157	2	53 615	1
108	1	74 461	4	158	2	55 230	2
109	1	76 076	5	159	2	56 846	3
110	1	77 692	6	160	2	58 461	4
111	1	79 307	7	161	2	60 076	5
112	1	80 923	8	162	2	61 692	6
113	1	82 538	9	163	2	63 307	7
114	1	84 153	10	164	2	64 923	8
115	1	85 769	11	165	2	66 538	9
116	1	87 384	12	166	2	68 153	10
117	1	89 000	»	167	2	69 769	11
118	1	90 615	1	168	2	71 384	12
119	1	92 230	2	169	2	73 000	»
120	1	93 846	3	170	2	74 615	1
121	1	95 461	4	171	2	76 230	2
122	1	97 076	5	172	2	77 846	3
123	1	98 692	6	173	2	79 461	4
124	2	00 307	7	174	2	81 076	5
125	2	01 923	8	175	2	82 692	6
126	2	03 538	9	176	2	84 307	7
127	2	05 153	10	177	2	85 923	8
128	2	06 769	11	178	2	87 538	9
129	2	08 384	12	179	2	89 153	10
130	2	10 000	»	180	2	90 769	11
131	2	11 615	1	181	2	92 384	12
132	2	13 230	2	182	2	94 000	»
133	2	14 846	3	183	2	95 615	1
134	2	16 461	4	184	2	97 230	2
135	2	18 076	5	185	2	98 846	3
136	2	19 692	6	186	3	00 461	4
137	2	21 307	7	187	3	02 076	5
138	2	22 923	8	188	3	03 692	6
139	2	24 538	9	189	3	05 307	7
140	2	26 153	10	190	3	06 923	8
141	2	27 769	11	191	3	08 538	9
142	2	29 384	12	192	3	10 153	10
143	2	31 000	»	193	3	11 769	11
144	2	32 615	1	194	3	13 384	12
145	2	34 230	2	195	3	15 000	»
146	2	35 846	3	196	3	16 615	1
147	2	37 461	4	197	3	18 230	2
148	2	39 076	5	198	3	19 846	3
149	2	40 692	6	199	3	21 461	4
150	2	42 307	7	200	3	23 076	5

Sommes.	Intérêts. (f.)	(c.)	n^os	Sommes.	Intérêts. (f.)	(c.)	n^os
201	3	24 692	6	251	4	05 461	4
202	3	26 307	7	252	4	07 076	5
203	3	27 923	8	253	4	08 692	6
204	3	29 538	9	254	4	10 307	7
205	3	31 153	10	255	4	11 923	8
206	3	32 769	11	256	4	13 538	9
207	3	34 384	12	257	4	15 153	10
208	3	36 000	»	258	4	16 769	11
209	3	37 615	1	259	4	18 384	12
210	3	39 230	2	260	4	20 000	»
211	3	40 846	3	261	4	21 615	1
212	3	42 461	4	262	4	23 230	2
213	3	44 076	5	263	4	24 846	3
214	3	45 692	6	264	4	26 461	4
215	3	47 307	7	265	4	28 076	5
216	3	48 923	8	266	4	29 692	6
217	3	50 538	9	267	4	31 307	7
218	3	52 153	10	268	4	32 923	8
219	3	53 769	11	269	4	34 538	9
220	3	55 384	12	270	4	36 153	10
221	3	57 000	»	271	4	37 769	11
222	3	58 615	1	272	4	39 384	12
223	3	60 230	2	273	4	41 000	»
224	3	61 846	3	274	4	42 615	1
225	3	63 461	4	275	4	44 230	2
226	3	65 076	5	276	4	45 846	3
227	3	66 692	6	277	4	47 461	4
228	3	68 307	7	278	4	49 076	5
229	3	69 923	8	279	4	50 692	6
230	3	71 538	9	280	4	52 307	7
231	3	73 153	10	281	4	53 923	8
232	3	74 769	11	282	4	55 538	9
233	3	76 384	12	283	4	57 153	10
234	3	78 000	»	284	4	58 769	11
235	3	79 615	1	285	4	60 384	12
236	3	81 230	2	286	4	62 000	»
237	3	82 846	3	287	4	63 615	1
238	3	84 461	4	288	4	65 230	2
239	3	86 076	5	289	4	66 846	3
240	3	87 692	6	290	4	68 461	4
241	3	89 307	7	291	4	70 076	5
242	3	90 923	8	292	4	71 692	6
243	3	92 538	9	293	4	73 307	7
244	3	94 153	10	294	4	74 923	8
245	3	95 769	11	295	4	76 538	9
246	3	97 384	12	296	4	78 153	10
247	3	99 000	»	297	4	79 769	11
248	4	00 615	1	298	4	81 384	12
249	4	02 230	2	299	4	83 000	»
250	4	03 846	3	300	4	84 615	1

Sommes.	Intérêts f.	Intérêts c.	n°s	Sommes.	Intérêts f.	Intérêts c.	n°s
1	»	01 682	1	51	»	85 817	12
2	»	03 365	2	52	»	87 500	»
3	»	05 048	3	53	»	89 182	1
4	»	06 730	4	54	»	90 865	2
5	»	08 413	5	55	»	92 548	3
6	»	10 096	6	56	»	94 230	4
7	»	11 778	7	57	»	95 913	5
8	»	13 461	8	58	»	97 596	6
9	»	15 144	9	59	»	99 278	7
10	»	16 826	10	60	1	00 961	8
11	»	18 509	11	61	1	02 644	9
12	»	20 192	12	62	1	04 326	10
13	»	21 875	»	63	1	06 009	11
14	»	23 557	1	64	1	07 692	12
15	»	25 240	2	65	1	09 375	»
16	»	26 923	3	66	1	11 057	1
17	»	28 605	4	67	1	12 740	2
18	»	30 288	5	68	1	14 423	3
19	»	31 971	6	69	1	16 105	4
20	»	33 653	7	70	1	17 788	5
21	»	35 336	8	71	1	19 471	6
22	»	37 019	9	72	1	21 153	7
23	»	38 701	10	73	1	22 836	8
24	»	40 384	11	74	1	24 519	9
25	»	42 067	12	75	1	26 201	10
26	»	43 750	»	76	1	27 884	11
27	»	45 432	1	77	1	29 567	12
28	»	47 115	2	78	1	31 250	»
29	»	48 798	3	79	1	32 932	1
30	»	50 480	4	80	1	34 615	2
31	»	52 163	5	81	1	36 298	3
32	»	53 846	6	82	1	37 980	4
33	»	55 528	7	83	1	39 663	5
34	»	57 211	8	84	1	41 346	6
35	»	58 894	9	85	1	43 028	7
36	»	60 576	10	86	1	44 711	8
37	»	62 259	11	87	1	46 394	9
38	»	63 942	12	88	1	48 076	10
39	»	65 625	»	89	1	49 759	11
40	»	67 307	1	90	1	51 442	12
41	»	68 990	2	91	1	53 125	»
42	»	70 673	3	92	1	54 807	1
43	»	72 355	4	93	1	56 490	2
44	»	74 038	5	94	1	58 173	3
45	»	75 721	6	95	1	59 855	4
46	»	77 403	7	96	1	61 538	5
47	»	79 086	8	97	1	63 221	6
48	»	80 769	9	98	1	64 903	7
49	»	82 451	10	99	1	66 586	8
50	»	84 134	11	100	1	68 269	9

Sommes.	Intérêts f.	Intérêts c.	n°s	Sommes.	Intérêts f.	Intérêts c.	n°s
101	1	69 951	10	151	2	54 086	8
102	1	71 634	11	152	2	55 769	9
103	1	73 317	12	153	2	57 451	10
104	1	75 000	»	154	2	59 134	11
105	1	76 682	1	155	2	60 817	12
106	1	78 365	2	156	2	62 500	»
107	1	80 048	3	157	2	64 182	1
108	1	81 730	4	158	2	65 865	2
109	1	83 413	5	159	2	67 548	3
110	1	85 096	6	160	2	69 230	4
111	1	86 778	7	161	2	70 913	5
112	1	88 461	8	162	2	72 596	6
113	1	90 144	9	163	2	74 278	7
114	1	91 826	10	164	2	75 961	8
115	1	93 509	11	165	2	77 644	9
116	1	95 192	12	166	2	79 326	10
117	1	96 875	»	167	2	81 009	11
118	1	98 557	1	168	2	82 692	12
119	2	00 240	2	169	2	84 375	»
120	2	01 923	3	170	2	86 057	1
121	2	03 605	4	171	2	87 740	2
122	2	05 288	5	172	2	89 423	3
123	2	06 971	6	173	2	91 105	4
124	2	08 653	7	174	2	92 788	5
125	2	10 336	8	175	2	94 471	6
126	2	12 019	9	176	2	96 153	7
127	2	13 701	10	177	2	97 836	8
128	2	15 384	11	178	2	99 549	9
129	2	17 067	12	179	3	01 201	10
130	2	18 750	»	180	3	02 884	11
131	2	20 432	1	181	3	04 567	12
132	2	22 115	2	182	3	06 250	»
133	2	23 798	3	183	3	07 932	1
134	2	25 480	4	184	3	09 615	2
135	2	27 163	5	185	3	11 298	3
136	2	28 846	6	186	3	12 980	4
137	2	30 528	7	187	3	14 663	5
138	2	32 211	8	188	3	16 346	6
139	2	33 894	9	189	3	18 028	7
140	2	35 576	10	190	3	19 711	8
141	2	37 259	11	191	3	21 394	9
142	2	38 942	12	192	3	23 076	10
143	2	40 625	»	193	3	24 759	11
144	2	42 307	1	194	3	26 442	12
145	2	43 990	2	195	3	28 125	»
146	2	45 673	3	196	3	29 807	1
147	2	47 355	4	197	3	31 490	2
148	2	49 038	5	198	3	33 173	3
149	2	50 721	6	199	3	34 855	4
150	2	52 403	7	200	3	36 538	5

Sommes.	Intérêts f.	Intérêts c.	n°s	Sommes.	Intérêts f.	Intérêts c.	n°s
201	3	38 221	6	251	4	22 355	4
202	3	39 903	7	252	4	24 038	5
203	3	41 586	8	253	4	25 721	6
204	3	43 269	9	254	4	27 403	7
205	3	44 951	10	255	4	29 086	8
206	3	46 634	11	256	4	30 769	9
207	3	48 317	12	257	4	32 451	10
208	3	50 000	»	258	4	34 134	11
209	3	51 682	1	259	4	35 817	12
210	3	53 365	2	260	4	37 500	»
211	3	55 048	3	261	4	39 182	1
212	3	56 730	4	262	4	40 865	2
213	3	58 413	5	263	4	42 548	3
214	3	60 096	6	264	4	44 230	4
215	3	61 778	7	265	4	45 913	5
216	3	63 461	8	266	4	47 596	6
217	3	65 144	9	267	4	49 278	7
218	3	66 826	10	268	4	50 961	8
219	3	68 509	11	269	4	52 644	9
220	3	70 192	12	270	4	54 326	10
221	3	71 875	»	271	4	56 009	11
222	3	73 557	1	272	4	57 692	12
223	3	75 240	2	273	4	59 375	»
224	3	76 923	3	274	4	61 057	1
225	3	78 605	4	275	4	62 740	2
226	3	80 288	5	276	4	64 423	3
227	3	81 971	6	277	4	66 105	4
228	3	83 653	7	278	4	67 788	5
229	3	85 336	8	279	4	69 471	6
230	3	87 019	9	280	4	71 153	7
231	3	88 701	10	281	4	72 836	8
232	3	90 384	11	282	4	74 519	9
233	3	92 067	12	283	4	76 201	10
234	3	93 750	»	284	4	77 884	11
235	3	95 432	1	285	4	79 567	12
236	3	97 115	2	286	4	81 250	»
237	3	98 798	3	287	4	82 932	1
238	4	00 480	4	288	4	84 615	2
239	4	02 163	5	289	4	86 298	3
240	4	03 846	6	290	4	87 980	4
241	4	05 528	7	291	4	89 663	5
242	4	07 211	8	292	4	91 346	6
243	4	08 894	9	293	4	93 028	7
244	4	10 576	10	294	4	94 711	8
245	4	12 259	11	295	4	96 394	9
246	4	13 942	12	296	4	98 076	10
247	4	15 625	»	297	4	99 759	11
248	4	17 307	1	298	5	01 442	12
249	4	18 990	2	299	5	03 125	»
250	4	20 673	3	300	5	04 807	1

n°s	Périodes
1	692307
2	384615
3	076923
4	769230
5	461538
6	153846
7	846153
8	538461
9	230769
10	923076
11	615384
12	307692

Sommes.	Intérêts.	n^os	Sommes.	Intérêts.	n^os
1	» 01 750	1	51	» 89 250	12
2	» 03 500	2	52	» 91 000	»
3	» 05 250	3	53	» 92 750	1
4	» 07 000	4	54	» 94 500	2
5	» 08 750	5	55	» 96 250	3
6	» 10 500	6	56	» 98 000	4
7	» 12 250	7	57	» 99 750	5
8	» 14 000	8	58	1 01 500	6
9	» 15 750	9	59	1 03 250	7
10	» 17 500	10	60	1 05 000	8
11	» 19 250	11	61	1 06 750	9
12	» 21 000	12	62	1 08 500	10
13	» 22 750	»	63	1 10 250	11
14	» 24 500	1	64	1 12 000	12
15	» 26 250	2	65	1 13 750	»
16	» 28 000	3	66	1 15 500	1
17	» 29 750	4	67	1 17 250	2
18	» 31 500	5	68	1 19 000	3
19	» 33 250	6	69	1 20 750	4
20	» 35 000	7	70	1 22 500	5
21	» 36 750	8	71	1 24 250	6
22	» 38 500	9	72	1 26 000	7
23	» 40 250	10	73	1 27 750	8
24	» 42 000	11	74	1 29 500	9
25	» 43 750	12	75	1 31 250	10
26	» 45 500	»	76	1 33 000	11
27	» 47 250	1	77	1 34 750	12
28	» 49 000	2	78	1 36 500	»
29	» 50 750	3	79	1 38 250	1
30	» 52 500	4	80	1 40 000	2
31	» 54 250	5	81	1 41 750	3
32	» 56 000	6	82	1 43 500	4
33	» 57 750	7	83	1 45 250	5
34	» 59 500	8	84	1 47 000	6
35	» 61 250	9	85	1 48 750	7
36	» 63 000	10	86	1 50 500	8
37	» 64 750	11	87	1 52 250	9
38	» 66 500	12	88	1 54 000	10
39	» 68 250	»	89	1 55 750	11
40	» 70 000	1	90	1 57 500	12
41	» 71 750	2	91	1 59 250	»
42	» 73 500	3	92	1 61 000	1
43	» 75 250	4	93	1 62 750	2
44	» 77 000	5	94	1 64 500	3
45	» 78 750	6	95	1 66 250	4
46	» 80 500	7	96	1 68 000	5
47	» 82 250	8	97	1 69 750	6
48	» 84 000	9	98	1 71 500	7
49	» 85 750	10	99	1 73 250	8
50	» 87 500	11	100	1 75 000	9

Sommes.	Intérêts.	n^os	Sommes.	Intérêts.	n^os
101	1 76 750	10	151	2 64 250	8
102	1 78 500	11	152	2 66 000	9
103	1 80 250	12	153	2 67 750	10
104	1 82 000	»	154	2 69 500	11
105	1 83 750	1	155	2 71 250	12
106	1 85 500	2	156	2 73 000	»
107	1 87 250	3	157	2 74 750	1
108	1 89 000	4	158	2 76 500	2
109	1 90 750	5	159	2 78 250	3
110	1 92 500	6	160	2 80 000	4
111	1 94 250	7	161	2 81 750	5
112	1 96 000	8	162	2 83 500	6
113	1 97 750	9	163	2 85 250	7
114	1 99 500	10	164	2 87 000	8
115	2 01 250	11	165	2 88 750	9
116	2 03 000	12	166	2 90 500	10
117	2 04 750	»	167	2 92 250	11
118	2 06 500	1	168	2 94 000	12
119	2 08 250	2	169	2 95 750	»
120	2 10 000	3	170	2 97 500	1
121	2 11 750	4	171	2 99 250	2
122	2 13 500	5	172	3 01 000	3
123	2 15 250	6	173	3 02 750	4
124	2 17 000	7	174	3 04 500	5
125	2 18 750	8	175	3 06 250	6
126	2 20 500	9	176	3 08 000	7
127	2 22 250	10	177	3 09 750	8
128	2 24 000	11	178	3 11 500	9
129	2 25 750	12	179	3 13 250	10
130	2 27 500	»	180	3 15 000	11
131	2 29 250	1	181	3 16 750	12
132	2 31 000	2	182	3 18 500	»
133	2 32 750	3	183	3 20 250	1
134	2 34 500	4	184	3 22 000	2
135	2 36 250	5	185	3 23 750	3
136	2 38 000	6	186	3 25 500	4
137	2 39 750	7	187	3 27 250	5
138	2 41 500	8	188	3 29 000	6
139	2 43 250	9	189	3 30 750	7
140	2 45 000	10	190	3 32 500	8
141	2 46 750	11	191	3 34 250	9
142	2 48 500	12	192	3 36 000	10
143	2 50 250	»	193	3 37 750	11
144	2 52 000	1	194	3 39 500	12
145	2 53 750	2	195	3 41 250	»
146	2 55 500	3	196	3 43 000	1
147	2 57 250	4	197	3 44 750	2
148	2 59 000	5	198	3 46 500	3
149	2 60 750	6	199	3 48 250	4
150	2 62 500	7	200	3 50 000	5

Sommes.	Intérêts.	n^os	Sommes.	Intérêts.	n^os
201	3 51 750	6	251	4 39 250	4
202	3 53 500	7	252	4 41 000	5
203	3 55 250	8	253	4 42 750	6
204	3 57 000	9	254	4 44 500	7
205	3 58 750	10	255	4 46 250	8
206	3 60 500	11	256	4 48 000	9
207	3 62 250	12	257	4 49 750	10
208	3 64 000	»	258	4 51 500	11
209	3 65 750	1	259	4 53 250	12
210	3 67 500	2	260	4 55 000	»
211	3 69 250	3	261	4 56 750	1
212	3 71 000	4	262	4 58 500	2
213	3 72 750	5	263	4 60 250	3
214	3 74 500	6	264	4 62 000	4
215	3 76 250	7	265	4 63 750	5
216	3 78 000	8	266	4 65 500	6
217	3 79 750	9	267	4 67 250	7
218	3 81 500	10	268	4 69 000	8
219	3 83 250	11	269	4 70 750	9
220	3 85 000	12	270	4 72 500	10
221	3 86 750	»	271	4 74 250	11
222	3 88 500	1	272	4 76 000	12
223	3 90 250	2	273	4 77 750	»
224	3 92 000	3	274	4 79 500	1
225	3 93 750	4	275	4 81 250	2
226	3 95 500	5	276	4 83 000	3
227	3 97 250	6	277	4 84 750	4
228	3 99 000	7	278	4 86 500	5
229	4 00 750	8	279	4 88 250	6
230	4 02 500	9	280	4 90 000	7
231	4 04 250	10	281	4 91 750	8
232	4 06 000	11	282	4 93 500	9
233	4 07 750	12	283	4 95 250	10
234	4 09 500	»	284	4 97 000	11
235	4 11 250	1	285	4 98 750	12
236	4 13 000	2	286	5 00 500	»
237	4 14 750	3	287	5 02 250	1
238	4 16 500	4	288	5 04 000	2
239	4 18 250	5	289	5 05 750	3
240	4 20 000	6	290	5 07 500	4
241	4 21 750	7	291	5 09 250	5
242	4 23 500	8	292	5 11 000	6
243	4 25 250	9	293	5 12 750	7
244	4 27 000	10	294	5 14 500	8
245	4 28 750	11	295	5 16 250	9
246	4 30 500	12	296	5 18 000	10
247	4 32 250	»	297	5 19 750	11
248	4 34 000	1	298	5 21 500	12
249	4 35 750	2	299	5 23 250	»
250	4 37 500	3	300	5 25 000	1

n^os	Périodes
1	000000
2	000000
3	000000
4	000000
5	000000
6	000000
7	000000
8	000000
9	000000
10	000000
11	000000
12	000000

Sommes.	Intérêts. (f. c.)	nos	Sommes.	Intérêts. (f. c.)	nos
1	» 01 817	1	51	» 92 682	12
2	» 03 634	2	52	» 94 500	»
3	» 05 451	3	53	» 96 317	1
4	» 07 269	4	54	» 98 134	2
5	» 09 086	5	55	» 99 951	3
6	» 10 903	6	56	1 01 769	4
7	» 12 721	7	57	1 03 586	5
8	» 14 538	8	58	1 05 403	6
9	» 16 355	9	59	1 07 221	7
10	» 18 173	10	60	1 09 038	8
11	» 19 990	11	61	1 10 855	9
12	» 21 807	12	62	1 12 673	10
13	» 23 625	»	63	1 14 490	11
14	» 25 442	1	64	1 16 307	12
15	» 27 259	2	65	1 18 125	»
16	» 29 076	3	66	1 19 942	1
17	» 30 894	4	67	1 21 759	2
18	» 32 711	5	68	1 23 576	3
19	» 34 528	6	69	1 25 394	4
20	» 36 346	7	70	1 27 211	5
21	» 38 163	8	71	1 29 028	6
22	» 39 980	9	72	1 30 846	7
23	» 41 798	10	73	1 32 663	8
24	» 43 615	11	74	1 34 480	9
25	» 45 432	12	75	1 36 298	10
26	» 47 250	»	76	1 38 115	11
27	» 49 067	1	77	1 39 932	12
28	» 50 884	2	78	1 41 750	»
29	» 52 701	3	79	1 43 567	1
30	» 54 519	4	80	1 45 384	2
31	» 56 336	5	81	1 47 201	3
32	» 58 153	6	82	1 49 019	4
33	» 59 971	7	83	1 50 836	5
34	» 61 788	8	84	1 52 653	6
35	» 63 605	9	85	1 54 471	7
36	» 65 423	10	86	1 56 288	8
37	» 67 240	11	87	1 58 105	9
38	» 69 057	12	88	1 59 923	10
39	» 70 875	»	89	1 61 740	11
40	» 72 692	1	90	1 63 557	12
41	» 74 509	2	91	1 65 375	»
42	» 76 326	3	92	1 67 192	1
43	» 78 144	4	93	1 69 009	2
44	» 79 961	5	94	1 70 826	3
45	» 81 778	6	95	1 72 644	4
46	» 83 596	7	96	1 74 461	5
47	» 85 413	8	97	1 76 278	6
48	» 87 230	9	98	1 78 096	7
49	» 89 048	10	99	1 79 913	8
50	» 90 865	11	100	1 81 730	9

Sommes.	Intérêts. (f. c.)	nos	Sommes.	Intérêts. (f. c.)	nos
101	1 83 548	10	151	2 74 413	8
102	1 85 365	11	152	2 76 230	9
103	1 87 182	12	153	2 78 048	10
104	1 89 000	»	154	2 79 865	11
105	1 90 817	1	155	2 81 682	12
106	1 92 634	2	156	2 83 500	»
107	1 94 451	3	157	2 85 317	1
108	1 96 269	4	158	2 87 134	2
109	1 98 086	5	159	2 88 951	3
110	1 99 903	6	160	2 90 769	4
111	2 01 721	7	161	2 92 586	5
112	2 03 538	8	162	2 94 403	6
113	2 05 355	9	163	2 96 221	7
114	2 07 173	10	164	2 98 038	8
115	2 08 990	11	165	2 99 855	9
116	2 10 807	12	166	3 01 673	10
117	2 12 625	»	167	3 03 490	11
118	2 14 442	1	168	3 05 307	12
119	2 16 259	2	169	3 07 125	»
120	2 18 076	3	170	3 08 942	1
121	2 19 894	4	171	3 10 759	2
122	2 21 711	5	172	3 12 576	3
123	2 23 528	6	173	3 14 394	4
124	2 25 346	7	174	3 16 211	5
125	2 27 163	8	175	3 18 028	6
126	2 28 980	9	176	3 19 846	7
127	2 30 798	10	177	3 21 663	8
128	2 32 615	11	178	3 23 480	9
129	2 34 432	12	179	3 25 298	10
130	2 36 250	»	180	3 27 115	11
131	2 38 067	1	181	3 28 932	12
132	2 39 884	2	182	3 30 750	»
133	2 41 701	3	183	3 32 567	1
134	2 43 519	4	184	3 34 384	2
135	2 45 336	5	185	3 36 201	3
136	2 47 153	6	186	3 38 019	4
137	2 48 971	7	187	3 39 836	5
138	2 50 788	8	188	3 41 653	6
139	2 52 605	9	189	3 43 471	7
140	2 54 423	10	190	3 45 288	8
141	2 56 240	11	191	3 47 105	9
142	2 58 057	12	192	3 48 923	10
143	2 59 875	»	193	3 50 740	11
144	2 61 692	1	194	3 52 557	12
145	2 63 509	2	195	3 54 375	»
146	2 65 326	3	196	3 56 192	1
147	2 67 144	4	197	3 58 009	2
148	2 68 961	5	198	3 59 826	3
149	2 70 778	6	199	3 61 644	4
150	2 72 596	7	200	3 63 461	5

Sommes.	Intérêts. (f. c.)	nos	Sommes.	Intérêts. (f. c.)	nos
201	3 65 278	6	251	4 56 144	4
202	3 67 096	7	252	4 57 961	5
203	3 68 913	8	253	4 59 778	6
204	3 70 730	9	254	4 61 596	7
205	3 72 548	10	255	4 63 413	8
206	3 74 365	11	256	4 65 230	9
207	3 76 182	12	257	4 67 048	10
208	3 78 000	»	258	4 68 865	11
209	3 79 817	1	259	4 70 682	12
210	3 81 634	2	260	4 72 500	»
211	3 83 451	3	261	4 74 317	1
212	3 85 269	4	262	4 76 134	2
213	3 87 086	5	263	4 77 951	3
214	3 88 903	6	264	4 79 769	4
215	3 90 721	7	265	4 81 586	5
216	3 92 538	8	266	4 83 403	6
217	3 94 355	9	267	4 85 221	7
218	3 96 173	10	268	4 87 038	8
219	3 97 990	11	269	4 88 855	9
220	3 99 807	12	270	4 90 673	10
221	4 01 625	»	271	4 92 490	11
222	4 03 442	1	272	4 94 307	12
223	4 05 259	2	273	4 96 125	»
224	4 07 076	3	274	4 97 942	1
225	4 08 894	4	275	4 99 759	2
226	4 10 711	5	276	5 01 576	3
227	4 12 528	6	277	5 03 394	4
228	4 14 346	7	278	5 05 211	5
229	4 16 163	8	279	5 07 028	6
230	4 17 980	9	280	5 08 846	7
231	4 19 798	10	281	5 10 663	8
232	4 21 615	11	282	5 12 480	9
233	4 23 432	12	283	5 14 298	10
234	4 25 250	»	284	5 16 115	11
235	4 27 067	1	285	5 17 932	12
236	4 28 884	2	286	5 19 750	»
237	4 30 701	3	287	5 21 567	1
238	4 32 519	4	288	5 23 384	2
239	4 34 336	5	289	5 25 201	3
240	4 36 153	6	290	5 27 019	4
241	4 37 971	7	291	5 28 836	5
242	4 39 788	8	292	5 30 653	6
243	4 41 605	9	293	5 32 471	7
244	4 43 423	10	294	5 34 288	8
245	4 45 240	11	295	5 36 105	9
246	4 47 057	12	296	5 37 923	10
247	4 48 875	»	297	5 39 740	11
248	4 50 692	1	298	5 41 557	12
249	4 52 509	2	299	5 43 375	»
250	4 54 326	3	300	5 45 192	1

nos	Périodes
1	307692
2	615384
3	923076
4	230769
5	538461
6	846153
7	153846
8	461538
9	769230
10	076923
11	384615
12	692307

Panel 1 (Sommes 1–100)

Sommes.	Intérêts f.	Intérêts c.	nos	Sommes.	Intérêts f.	Intérêts c.	nos
1	»	01 884	1	51	»	96 115	12
2	»	03 769	2	52	»	98 000	»
3	»	05 653	3	53	»	99 884	1
4	»	07 538	4	54	1	01 769	2
5	»	09 423	5	55	1	03 653	3
6	»	11 307	6	56	1	05 538	4
7	»	13 192	7	57	1	07 423	5
8	»	15 076	8	58	1	09 307	6
9	»	16 961	9	59	1	11 192	7
10	»	18 846	10	60	1	13 076	8
11	»	20 730	11	61	1	14 961	9
12	»	22 615	12	62	1	16 846	10
13	»	24 500	»	63	1	18 730	11
14	»	26 384	1	64	1	20 615	12
15	»	28 269	2	65	1	22 500	»
16	»	30 153	3	66	1	24 384	1
17	»	32 038	4	67	1	26 269	2
18	»	33 923	5	68	1	28 153	3
19	»	35 807	6	69	1	30 038	4
20	»	37 692	7	70	1	31 923	5
21	»	39 576	8	71	1	33 807	6
22	»	41 461	9	72	1	35 692	7
23	»	43 346	10	73	1	37 576	8
24	»	45 230	11	74	1	39 461	9
25	»	47 115	12	75	1	41 346	10
26	»	49 000	»	76	1	43 230	11
27	»	50 884	1	77	1	45 115	12
28	»	52 769	2	78	1	47 000	»
29	»	54 653	3	79	1	48 884	1
30	»	56 538	4	80	1	50 769	2
31	»	58 423	5	81	1	52 653	3
32	»	60 307	6	82	1	54 538	4
33	»	62 192	7	83	1	56 423	5
34	»	64 076	8	84	1	58 307	6
35	»	65 961	9	85	1	60 192	7
36	»	67 846	10	86	1	62 076	8
37	»	69 730	11	87	1	63 961	9
38	»	71 615	12	88	1	65 846	10
39	»	73 500	»	89	1	67 730	11
40	»	75 384	1	90	1	69 615	12
41	»	77 269	2	91	1	71 500	»
42	»	79 153	3	92	1	73 384	1
43	»	81 038	4	93	1	75 269	2
44	»	82 923	5	94	1	77 153	3
45	»	84 807	6	95	1	79 038	4
46	»	86 692	7	96	1	80 923	5
47	»	88 576	8	97	1	82 807	6
48	»	90 461	9	98	1	84 692	7
49	»	92 346	10	99	1	86 576	8
50	»	94 230	11	100	1	88 461	9

Panel 2 (Sommes 101–200)

Sommes.	Intérêts f.	Intérêts c.	nos	Sommes.	Intérêts f.	Intérêts c.	nos
101	1	90 346	10	151	2	84 576	8
102	1	92 230	11	152	2	86 461	9
103	1	94 115	12	153	2	88 346	10
104	1	96 000	»	154	2	90 230	11
105	1	97 884	1	155	2	92 115	12
106	1	99 769	2	156	2	94 000	»
107	2	01 653	3	157	2	95 884	1
108	2	03 538	4	158	2	97 769	2
109	2	05 423	5	159	2	99 653	3
110	2	07 307	6	160	3	01 538	4
111	2	09 192	7	161	3	03 423	5
112	2	11 076	8	162	3	05 307	6
113	2	12 961	9	163	3	07 192	7
114	2	14 846	10	164	3	09 076	8
115	2	16 730	11	165	3	10 961	9
116	2	18 615	12	166	3	12 846	10
117	2	20 500	»	167	3	14 730	11
118	2	22 384	1	168	3	16 615	12
119	2	24 269	2	169	3	18 500	»
120	2	26 153	3	170	3	20 384	1
121	2	28 038	4	171	3	22 269	2
122	2	29 923	5	172	3	24 153	3
123	2	31 807	6	173	3	26 038	4
124	2	33 692	7	174	3	27 923	5
125	2	35 576	8	175	3	29 807	6
126	2	37 461	9	176	3	31 692	7
127	2	39 346	10	177	3	33 576	8
128	2	41 230	11	178	3	35 461	9
129	2	43 115	12	179	3	37 346	10
130	2	45 000	»	180	3	39 230	11
131	2	46 884	1	181	3	41 115	12
132	2	48 769	2	182	3	43 000	»
133	2	50 653	3	183	3	44 884	1
134	2	52 538	4	184	3	46 769	2
135	2	54 423	5	185	3	48 653	3
136	2	56 307	6	186	3	50 538	4
137	2	58 192	7	187	3	52 423	5
138	2	60 076	8	188	3	54 307	6
139	2	61 961	9	189	3	56 192	7
140	2	63 846	10	190	3	58 076	8
141	2	65 730	11	191	3	59 961	9
142	2	67 615	12	192	3	61 846	10
143	2	69 500	»	193	3	63 730	11
144	2	71 384	1	194	3	65 615	12
145	2	73 269	2	195	3	67 500	»
146	2	75 153	3	196	3	69 384	1
147	2	77 038	4	197	3	71 269	2
148	2	78 923	5	198	3	73 153	3
149	2	80 807	6	199	3	75 038	4
150	2	82 692	7	200	3	76 923	5

Panel 3 (Sommes 201–300)

Sommes.	Intérêts f.	Intérêts c.	nos	Sommes.	Intérêts f.	Intérêts c.	nos
201	3	78 807	6	251	4	73 038	4
202	3	80 692	7	252	4	74 923	5
203	3	82 576	8	253	4	76 807	6
204	3	84 461	9	254	4	78 692	7
205	3	86 346	10	255	4	80 576	8
206	3	88 230	11	256	4	82 461	9
207	3	90 115	12	257	4	84 346	10
208	3	92 000	»	258	4	86 230	11
209	3	93 884	1	259	4	88 115	12
210	3	95 769	2	260	4	90 000	»
211	3	97 653	3	261	4	91 884	1
212	3	99 538	4	262	4	93 769	2
213	4	01 423	5	263	4	95 653	3
214	4	03 307	6	264	4	97 538	4
215	4	05 192	7	265	4	99 423	5
216	4	07 076	8	266	5	01 307	6
217	4	08 961	9	267	5	03 192	7
218	4	10 846	10	268	5	05 076	8
219	4	12 730	11	269	5	06 961	9
220	4	14 615	12	270	5	08 846	10
221	4	16 500	»	271	5	10 730	11
222	4	18 384	1	272	5	12 615	12
223	4	20 269	2	273	5	14 500	»
224	4	22 153	3	274	5	16 384	1
225	4	24 038	4	275	5	18 269	2
226	4	25 923	5	276	5	20 153	3
227	4	27 807	6	277	5	22 038	4
228	4	29 692	7	278	5	23 923	5
229	4	31 576	8	279	5	25 807	6
230	4	33 461	9	280	5	27 692	7
231	4	35 346	10	281	5	29 576	8
232	4	37 230	11	282	5	31 461	9
233	4	39 115	12	283	5	33 346	10
234	4	41 000	»	284	5	35 230	11
235	4	42 884	1	285	5	37 115	12
236	4	44 769	2	286	5	39 000	»
237	4	46 653	3	287	5	40 884	1
238	4	48 538	4	288	5	42 769	2
239	4	50 423	5	289	5	44 653	3
240	4	52 307	6	290	5	46 538	4
241	4	54 192	7	291	5	48 423	5
242	4	56 076	8	292	5	50 307	6
243	4	57 961	9	293	5	52 192	7
244	4	59 846	10	294	5	54 076	8
245	4	61 730	11	295	5	55 961	9
246	4	63 615	12	296	5	57 846	10
247	4	65 500	»	297	5	59 730	11
248	4	67 384	1	298	5	61 615	12
249	4	69 269	2	299	5	63 500	»
250	4	71 153	3	300	5	65 384	1

Tableau des périodes

nos	Périodes
1	615384
2	230769
3	846153
4	461538
5	076923
6	692307
7	307692
8	923076
9	538461
10	153846
11	769230
12	384615

Block I

Sommes	Intérêts f.	c.	nos	Sommes	Intérêts f.	c.	nos
1	»	01 951	1	51	»	99 548	12
2	»	03 903	2	52	1	01 500	»
3	»	05 855	3	53	1	03 451	1
4	»	07 807	4	54	1	05 403	2
5	»	09 759	5	55	1	07 355	3
6	»	11 711	6	56	1	09 307	4
7	»	13 663	7	57	1	11 259	5
8	»	15 615	8	58	1	13 211	6
9	»	17 567	9	59	1	15 163	7
10	»	19 519	10	60	1	17 115	8
11	»	21 471	11	61	1	19 067	9
12	»	23 423	12	62	1	21 019	10
13	»	25 375	»	63	1	22 971	11
14	»	27 326	1	64	1	24 923	12
15	»	29 278	2	65	1	26 875	»
16	»	31 230	3	66	1	28 826	1
17	»	33 182	4	67	1	30 778	2
18	»	35 134	5	68	1	32 730	3
19	»	37 086	6	69	1	34 682	4
20	»	39 038	7	70	1	36 634	5
21	»	40 990	8	71	1	38 586	6
22	»	42 942	9	72	1	40 538	7
23	»	44 894	10	73	1	42 490	8
24	»	46 846	11	74	1	44 442	9
25	»	48 798	12	75	1	46 394	10
26	»	50 750	»	76	1	48 346	11
27	»	52 701	1	77	1	50 298	12
28	»	54 653	2	78	1	52 250	»
29	»	56 605	3	79	1	54 201	1
30	»	58 557	4	80	1	56 153	2
31	»	60 509	5	81	1	58 105	3
32	»	62 461	6	82	1	60 057	4
33	»	64 413	7	83	1	62 009	5
34	»	66 365	8	84	1	63 961	6
35	»	68 317	9	85	1	65 913	7
36	»	70 269	10	86	1	67 865	8
37	»	72 221	11	87	1	69 817	9
38	»	74 173	12	88	1	71 769	10
39	»	76 125	»	89	1	73 721	11
40	»	78 076	1	90	1	75 673	12
41	»	80 028	2	91	1	77 625	»
42	»	81 980	3	92	1	79 576	1
43	»	83 932	4	93	1	81 528	2
44	»	85 884	5	94	1	83 480	3
45	»	87 836	6	95	1	85 432	4
46	»	89 788	7	96	1	87 384	5
47	»	91 740	8	97	1	89 336	6
48	»	93 692	9	98	1	91 288	7
49	»	95 644	10	99	1	93 240	8
50	»	97 596	11	100	1	95 192	9

Block II

Sommes	Intérêts f.	c.	nos	Sommes	Intérêts f.	c.	nos
101	1	97 144	10	151	2	94 740	8
102	1	99 096	11	152	2	96 692	9
103	2	01 048	12	153	2	98 644	10
104	2	03 000	»	154	3	00 596	11
105	2	04 951	1	155	3	02 548	12
106	2	06 903	2	156	3	04 500	»
107	2	08 855	3	157	3	06 451	1
108	2	10 807	4	158	3	08 403	2
109	2	12 759	5	159	3	10 355	3
110	2	14 711	6	160	3	12 307	4
111	2	16 663	7	161	3	14 259	5
112	2	18 615	8	162	3	16 211	6
113	2	20 567	9	163	3	18 163	7
114	2	22 519	10	164	3	20 115	8
115	2	24 471	11	165	3	22 067	9
116	2	26 423	12	166	3	24 019	10
117	2	28 375	»	167	3	25 971	11
118	2	30 326	1	168	3	27 923	12
119	2	32 278	2	169	3	29 875	»
120	2	34 230	3	170	3	31 826	1
121	2	36 182	4	171	3	33 778	2
122	2	38 134	5	172	3	35 730	3
123	2	40 086	6	173	3	37 682	4
124	2	42 038	7	174	3	39 634	5
125	2	43 990	8	175	3	41 586	6
126	2	45 942	9	176	3	43 538	7
127	2	47 894	10	177	3	45 490	8
128	2	49 846	11	178	3	47 442	9
129	2	51 798	12	179	3	49 394	10
130	2	53 750	»	180	3	51 346	11
131	2	55 701	1	181	3	53 298	12
132	2	57 653	2	182	3	55 250	»
133	2	59 605	3	183	3	57 201	1
134	2	61 557	4	184	3	59 153	2
135	2	63 509	5	185	3	61 105	3
136	2	65 461	6	186	3	63 057	4
137	2	67 413	7	187	3	65 009	5
138	2	69 365	8	188	3	66 961	6
139	2	71 317	9	189	3	68 913	7
140	2	73 269	10	190	3	70 865	8
141	2	75 221	11	191	3	72 817	9
142	2	77 173	12	192	3	74 769	10
143	2	79 125	»	193	3	76 721	11
144	2	81 076	1	194	3	78 673	12
145	2	83 028	2	195	3	80 625	»
146	2	84 980	3	196	3	82 576	1
147	2	86 932	4	197	3	84 528	2
148	2	88 884	5	198	3	86 480	3
149	2	90 836	6	199	3	88 432	4
150	2	92 788	7	200	3	90 384	5

Block III

Sommes	Intérêts f.	c.	nos	Sommes	Intérêts f.	c.	nos
201	3	92 336	6	251	4	89 932	4
202	3	94 288	7	252	4	91 884	5
203	3	96 240	8	253	4	93 836	6
204	3	98 192	9	254	4	95 788	7
205	4	00 144	10	255	4	97 740	8
206	4	02 096	11	256	4	99 692	9
207	4	04 048	12	257	5	01 644	10
208	4	06 000	»	258	5	03 596	11
209	4	07 951	1	259	5	05 548	12
210	4	09 903	2	260	5	07 500	»
211	4	11 855	3	261	5	09 451	1
212	4	13 807	4	262	5	11 403	2
213	4	15 759	5	263	5	13 355	3
214	4	17 711	6	264	5	15 307	4
215	4	19 663	7	265	5	17 259	5
216	4	21 615	8	266	5	19 211	6
217	4	23 567	9	267	5	21 163	7
218	4	25 519	10	268	5	23 115	8
219	4	27 471	11	269	5	25 067	9
220	4	29 423	12	270	5	27 019	10
221	4	31 375	»	271	5	28 971	11
222	4	33 326	1	272	5	30 923	12
223	4	35 278	2	273	5	32 875	»
224	4	37 230	3	274	5	34 826	1
225	4	39 182	4	275	5	36 778	2
226	4	41 134	5	276	5	38 730	3
227	4	43 086	6	277	5	40 682	4
228	4	45 038	7	278	5	42 634	5
229	4	46 990	8	279	5	44 586	6
230	4	48 942	9	280	5	46 538	7
231	4	50 894	10	281	5	48 490	8
232	4	52 846	11	282	5	50 442	9
233	4	54 798	12	283	5	52 394	10
234	4	56 750	»	284	5	54 346	11
235	4	58 701	1	285	5	56 298	12
236	4	60 653	2	286	5	58 250	»
237	4	62 605	3	287	5	60 201	1
238	4	64 557	4	288	5	62 153	2
239	4	66 509	5	289	5	64 105	3
240	4	68 461	6	290	5	66 057	4
241	4	70 413	7	291	5	68 009	5
242	4	72 365	8	292	5	69 961	6
243	4	74 317	9	293	5	71 913	7
244	4	76 269	10	294	5	73 865	8
245	4	78 221	11	295	5	75 817	9
246	4	80 173	12	296	5	77 769	10
247	4	82 125	»	297	5	79 721	11
248	4	84 076	1	298	5	81 673	12
249	4	86 028	2	299	5	83 625	»
250	4	87 980	3	300	5	85 576	1

nos	Périodes
1	923076
2	846153
3	769230
4	692307
5	615384
6	538461
7	461538
8	384615
9	307692
10	230769
11	153846
12	076923

nᵒˢ	Périodes
1	230769
2	461538
3	692307
4	923076
5	153846
6	384615
7	615384
8	846153
9	076923
10	307692
11	538461
12	769230

Sommes.	Intérêts. f.	c.	nᵒˢ	Sommes.	Intérêts. f.	c.	nᵒˢ
1	»	02 019	1	51	1	02 980	12
2	»	04 038	2	52	1	05 000	»
3	»	06 057	3	53	1	07 019	1
4	»	08 076	4	54	1	09 038	2
5	»	10 096	5	55	1	11 057	3
6	»	12 115	6	56	1	13 076	4
7	»	14 134	7	57	1	15 096	5
8	»	16 153	8	58	1	17 115	6
9	»	18 173	9	59	1	19 134	7
10	»	20 192	10	60	1	21 153	8
11	»	22 211	11	61	1	23 173	9
12	»	24 230	12	62	1	25 192	10
13	»	26 250	»	63	1	27 211	11
14	»	28 269	1	64	1	29 230	12
15	»	30 288	2	65	1	31 250	»
16	»	32 307	3	66	1	33 269	1
17	»	34 326	4	67	1	35 288	2
18	»	36 346	5	68	1	37 307	3
19	»	38 365	6	69	1	39 326	4
20	»	40 384	7	70	1	41 346	5
21	»	42 403	8	71	1	43 365	6
22	»	44 423	9	72	1	45 384	7
23	»	46 442	10	73	1	47 403	8
24	»	48 461	11	74	1	49 423	9
25	»	50 480	12	75	1	51 442	10
26	»	52 500	»	76	1	53 461	11
27	»	54 519	1	77	1	55 480	12
28	»	56 538	2	78	1	57 500	»
29	»	58 557	3	79	1	59 519	1
30	»	60 576	4	80	1	61 538	2
31	»	62 596	5	81	1	63 557	3
32	»	64 615	6	82	1	65 576	4
33	»	66 634	7	83	1	67 596	5
34	»	68 653	8	84	1	69 615	6
35	»	70 673	9	85	1	71 634	7
36	»	72 692	10	86	1	73 653	8
37	»	74 711	11	87	1	75 673	9
38	»	76 730	12	88	1	77 692	10
39	»	78 750	»	89	1	79 711	11
40	»	80 769	1	90	1	81 730	12
41	»	82 788	2	91	1	83 750	»
42	»	84 807	3	92	1	85 769	1
43	»	86 826	4	93	1	87 788	2
44	»	88 846	5	94	1	89 807	3
45	»	90 865	6	95	1	91 826	4
46	»	92 884	7	96	1	93 846	5
47	»	94 903	8	97	1	95 865	6
48	»	96 923	9	98	1	97 884	7
49	»	98 942	10	99	1	99 903	8
50	1	00 961	11	100	2	01 923	9

Sommes.	Intérêts. f.	c.	nᵒˢ	Sommes.	Intérêts. f.	c.	nᵒˢ
101	2	03 942	10	151	3	04 903	8
102	2	05 961	11	152	3	06 923	9
103	2	07 980	12	153	3	08 942	10
104	2	10 000	»	154	3	10 961	11
105	2	12 019	1	155	3	12 980	12
106	2	14 038	2	156	3	15 000	»
107	2	16 057	3	157	3	17 019	1
108	2	18 076	4	158	3	19 038	2
109	2	20 096	5	159	3	21 057	3
110	2	22 115	6	160	3	23 076	4
111	2	24 134	7	161	3	25 096	5
112	2	26 153	8	162	3	27 115	6
113	2	28 173	9	163	3	29 134	7
114	2	30 192	10	164	3	31 153	8
115	2	32 211	11	165	3	33 173	9
116	2	34 230	12	166	3	35 192	10
117	2	36 250	»	167	3	37 211	11
118	2	38 269	1	168	3	39 230	12
119	2	40 288	2	169	3	41 250	»
120	2	42 307	3	170	3	43 269	1
121	2	44 326	4	171	3	45 288	2
122	2	46 346	5	172	3	47 307	3
123	2	48 365	6	173	3	49 326	4
124	2	50 384	7	174	3	51 346	5
125	2	52 403	8	175	3	53 365	6
126	2	54 423	9	176	3	55 384	7
127	2	56 442	10	177	3	57 403	8
128	2	58 461	11	178	3	59 423	9
129	2	60 480	12	179	3	61 442	10
130	2	62 500	»	180	3	63 461	11
131	2	64 519	1	181	3	65 480	12
132	2	66 538	2	182	3	67 500	»
133	2	68 557	3	183	3	69 519	1
134	2	70 576	4	184	3	71 538	2
135	2	72 596	5	185	3	73 557	3
136	2	74 615	6	186	3	75 576	4
137	2	76 634	7	187	3	77 596	5
138	2	78 653	8	188	3	79 615	6
139	2	80 673	9	189	3	81 634	7
140	2	82 692	10	190	3	83 653	8
141	2	84 711	11	191	3	85 673	9
142	2	86 730	12	192	3	87 692	10
143	2	88 750	»	193	3	89 711	11
144	2	90 769	1	194	3	91 730	12
145	2	92 788	2	195	3	93 750	»
146	2	94 807	3	196	3	95 769	1
147	2	96 826	4	197	3	97 788	2
148	2	98 846	5	198	3	99 807	3
149	3	00 865	6	199	4	01 826	4
150	3	02 884	7	200	4	03 846	5

Sommes.	Intérêts. f.	c.	nᵒˢ	Sommes.	Intérêts. f.	c.	nᵒˢ
201	4	05 865	6	251	5	06 826	4
202	4	07 884	7	252	5	08 846	5
203	4	09 903	8	253	5	10 865	6
204	4	11 923	9	254	5	12 884	7
205	4	13 942	10	255	5	14 903	8
206	4	15 961	11	256	5	16 923	9
207	4	17 980	12	257	5	18 942	10
208	4	20 000	»	258	5	20 961	11
209	4	22 019	1	259	5	22 980	12
210	4	24 038	2	260	5	25 000	»
211	4	26 057	3	261	5	27 019	1
212	4	28 076	4	262	5	29 038	2
213	4	30 096	5	263	5	31 057	3
214	4	32 115	6	264	5	33 076	4
215	4	34 134	7	265	5	35 096	5
216	4	36 153	8	266	5	37 115	6
217	4	38 173	9	267	5	39 134	7
218	4	40 192	10	268	5	41 153	8
219	4	42 211	11	269	5	43 173	9
220	4	44 230	12	270	5	45 192	10
221	4	46 250	»	271	5	47 211	11
222	4	48 269	1	272	5	49 230	12
223	4	50 288	2	273	5	51 250	»
224	4	52 307	3	274	5	53 269	1
225	4	54 326	4	275	5	55 288	2
226	4	56 346	5	276	5	57 307	3
227	4	58 365	6	277	5	59 326	4
228	4	60 384	7	278	5	61 346	5
229	4	62 403	8	279	5	63 365	6
230	4	64 423	9	280	5	65 384	7
231	4	66 442	10	281	5	67 403	8
232	4	68 461	11	282	5	69 423	9
233	4	70 480	12	283	5	71 442	10
234	4	72 500	»	284	5	73 461	11
235	4	74 519	1	285	5	75 480	12
236	4	76 538	2	286	5	77 500	»
237	4	78 557	3	287	5	79 519	1
238	4	80 576	4	288	5	81 538	2
239	4	82 596	5	289	5	83 557	3
240	4	84 615	6	290	5	85 576	4
241	4	86 634	7	291	5	87 596	5
242	4	88 653	8	292	5	89 615	6
243	4	90 673	9	293	5	91 634	7
244	4	92 692	10	294	5	93 653	8
245	4	94 711	11	295	5	95 673	9
246	4	96 730	12	296	5	97 692	10
247	4	98 750	»	297	5	99 711	11
248	5	00 769	1	298	6	01 730	12
249	5	02 788	2	299	6	03 750	»
250	5	04 807	3	300	6	05 769	1

Sommes	Intérêts (fr. c.)	nos	Sommes	Intérêts (fr. c.)	nos
1	» 02 086	1	51	1 06 413	12
2	» 04 173	2	52	1 08 500	»
3	» 06 259	3	53	1 10 586	1
4	» 08 346	4	54	1 12 673	2
5	» 10 432	5	55	1 14 759	3
6	» 12 519	6	56	1 16 846	4
7	» 14 605	7	57	1 18 932	5
8	» 16 692	8	58	1 21 019	6
9	» 18 778	9	59	1 23 105	7
10	» 20 865	10	60	1 25 192	8
11	» 22 951	11	61	1 27 278	9
12	» 25 038	12	62	1 29 365	10
13	» 27 125	»	63	1 31 451	11
14	» 29 211	1	64	1 33 538	12
15	» 31 298	2	65	1 35 625	»
16	» 33 384	3	66	1 37 711	1
17	» 35 471	4	67	1 39 798	2
18	» 37 557	5	68	1 41 884	3
19	» 39 644	6	69	1 43 971	4
20	» 41 730	7	70	1 46 057	5
21	» 43 817	8	71	1 48 144	6
22	» 45 903	9	72	1 50 230	7
23	» 47 990	10	73	1 52 317	8
24	» 50 076	11	74	1 54 403	9
25	» 52 163	12	75	1 56 490	10
26	» 54 250	»	76	1 58 576	11
27	» 56 336	1	77	1 60 663	12
28	» 58 423	2	78	1 62 750	»
29	» 60 509	3	79	1 64 836	1
30	» 62 596	4	80	1 66 923	2
31	» 64 682	5	81	1 69 009	3
32	» 66 769	6	82	1 71 096	4
33	» 68 855	7	83	1 73 182	5
34	» 70 942	8	84	1 75 269	6
35	» 73 028	9	85	1 77 355	7
36	» 75 115	10	86	1 79 442	8
37	» 77 201	11	87	1 81 528	9
38	» 79 288	12	88	1 83 615	10
39	» 81 375	»	89	1 85 701	11
40	» 83 461	1	90	1 87 788	12
41	» 85 548	2	91	1 89 875	»
42	» 87 634	3	92	1 91 961	1
43	» 89 721	4	93	1 94 048	2
44	» 91 807	5	94	1 96 134	3
45	» 93 894	6	95	1 98 221	4
46	» 95 980	7	96	2 00 307	5
47	» 98 067	8	97	2 02 394	6
48	1 00 153	9	98	2 04 480	7
49	1 02 240	10	99	2 06 567	8
50	1 04 326	11	100	2 08 653	9

Sommes	Intérêts (fr. c.)	nos	Sommes	Intérêts (fr. c.)	nos
101	2 10 740	10	151	3 15 067	8
102	2 12 826	11	152	3 17 153	9
103	2 14 913	12	153	3 19 240	10
104	2 17 000	»	154	3 21 326	11
105	2 19 086	1	155	3 23 413	12
106	2 21 173	2	156	3 25 500	»
107	2 23 259	3	157	3 27 586	1
108	2 25 346	4	158	3 29 673	2
109	2 27 432	5	159	3 31 759	3
110	2 29 519	6	160	3 33 846	4
111	2 31 605	7	161	3 35 932	5
112	2 33 692	8	162	3 38 019	6
113	2 35 778	9	163	3 40 105	7
114	2 37 865	10	164	3 42 192	8
115	2 39 951	11	165	3 44 278	9
116	2 42 038	12	166	3 46 365	10
117	2 44 125	»	167	3 48 451	11
118	2 46 211	1	168	3 50 538	12
119	2 48 298	2	169	3 52 625	»
120	2 50 384	3	170	3 54 711	1
121	2 52 471	4	171	3 56 798	2
122	2 54 557	5	172	3 58 884	3
123	2 56 644	6	173	3 60 971	4
124	2 58 730	7	174	3 63 057	5
125	2 60 817	8	175	3 65 144	6
126	2 62 903	9	176	3 67 230	7
127	2 64 990	10	177	3 69 317	8
128	2 67 076	11	178	3 71 403	9
129	2 69 163	12	179	3 73 490	10
130	2 71 250	»	180	3 75 576	11
131	2 73 336	1	181	3 77 663	12
132	2 75 423	2	182	3 79 750	»
133	2 77 509	3	183	3 81 836	1
134	2 79 596	4	184	3 83 923	2
135	2 81 682	5	185	3 86 009	3
136	2 83 769	6	186	3 88 096	4
137	2 85 855	7	187	3 90 182	5
138	2 87 942	8	188	3 92 269	6
139	2 90 028	9	189	3 94 355	7
140	2 92 115	10	190	3 96 442	8
141	2 94 201	11	191	3 98 528	9
142	2 96 288	12	192	4 00 615	10
143	2 98 375	»	193	4 02 701	11
144	3 00 461	1	194	4 04 788	12
145	3 02 548	2	195	4 06 875	»
146	3 04 634	3	196	4 08 961	1
147	3 06 721	4	197	4 11 048	2
148	3 08 807	5	198	4 13 134	3
149	3 10 894	6	199	4 15 221	4
150	3 12 980	7	200	4 17 307	5

Sommes	Intérêts (fr. c.)	nos	Sommes	Intérêts (fr. c.)	nos
201	4 19 394	6	251	5 23 721	4
202	4 21 480	7	252	5 25 807	5
203	4 23 567	8	253	5 27 894	6
204	4 25 653	9	254	5 29 980	7
205	4 27 740	10	255	5 32 067	8
206	4 29 826	11	256	5 34 153	9
207	4 31 913	12	257	5 36 240	10
208	4 34 000	»	258	5 38 326	11
209	4 36 086	1	259	5 40 413	12
210	4 38 173	2	260	5 42 500	»
211	4 40 259	3	261	5 44 586	1
212	4 42 346	4	262	5 46 673	2
213	4 44 432	5	263	5 48 759	3
214	4 46 519	6	264	5 50 846	4
215	4 48 605	7	265	5 52 932	5
216	4 50 692	8	266	5 55 019	6
217	4 52 778	9	267	5 57 105	7
218	4 54 865	10	268	5 59 192	8
219	4 56 951	11	269	5 61 278	9
220	4 59 038	12	270	5 63 365	10
221	4 61 125	»	271	5 65 451	11
222	4 63 211	1	272	5 67 538	12
223	4 65 298	2	273	5 69 625	»
224	4 67 384	3	274	5 71 711	1
225	4 69 471	4	275	5 73 798	2
226	4 71 557	5	276	5 75 884	3
227	4 73 644	6	277	5 77 971	4
228	4 75 730	7	278	5 80 057	5
229	4 77 817	8	279	5 82 144	6
230	4 79 903	9	280	5 84 230	7
231	4 81 990	10	281	5 86 317	8
232	4 84 076	11	282	5 88 403	9
233	4 86 163	12	283	5 90 490	10
234	4 88 250	»	284	5 92 576	11
235	4 90 336	1	285	5 94 663	12
236	4 92 423	2	286	5 96 750	»
237	4 94 509	3	287	5 98 836	1
238	4 96 596	4	288	6 00 923	2
239	4 98 682	5	289	6 03 009	3
240	5 00 769	6	290	6 05 096	4
241	5 02 855	7	291	6 07 182	5
242	5 04 942	8	292	6 09 269	6
243	5 07 028	9	293	6 11 355	7
244	5 09 115	10	294	6 13 442	8
245	5 11 201	11	295	6 15 528	9
246	5 13 288	12	296	6 17 615	10
247	5 15 375	»	297	6 19 701	11
248	5 17 461	1	298	6 21 788	12
249	5 19 548	2	299	6 23 875	»
250	5 21 634	3	300	6 25 961	1

nos	Périodes
1	538461
2	076923
3	615384
4	153846
5	692307
6	230769
7	769230
8	307692
9	846153
10	384615
11	923076
12	461538

nos | Périodes

nos	Périodes
1	846153
2	692307
3	538461
4	384615
5	230769
6	076923
7	923076
8	769230
9	615384
10	461538
11	307692
12	153846

Sommes	Intérêts. f. c.	nos	Sommes	Intérêts. f. c.	nos
1	» 02 153	1	51	1 09 846	12
2	» 04 307	2	52	1 12 000	»
3	» 06 461	3	53	1 14 153	1
4	» 08 615	4	54	1 16 307	2
5	» 10 769	5	55	1 18 461	3
6	» 12 923	6	56	1 20 615	4
7	» 15 076	7	57	1 22 769	5
8	» 17 230	8	58	1 24 923	6
9	» 19 384	9	59	1 27 076	7
10	» 21 538	10	60	1 29 230	8
11	» 23 692	11	61	1 31 384	9
12	» 25 846	12	62	1 33 538	10
13	» 28 000	»	63	1 35 692	11
14	» 30 153	1	64	1 37 846	12
15	» 32 307	2	65	1 40 000	»
16	» 34 461	3	66	1 42 153	1
17	» 36 615	4	67	1 44 307	2
18	» 38 769	5	68	1 46 461	3
19	» 40 923	6	69	1 48 615	4
20	» 43 076	7	70	1 50 769	5
21	» 45 230	8	71	1 52 923	6
22	» 47 384	9	72	1 55 076	7
23	» 49 538	10	73	1 57 230	8
24	» 51 692	11	74	1 59 384	9
25	» 53 846	12	75	1 61 538	10
26	» 56 000	»	76	1 63 692	11
27	» 58 153	1	77	1 65 846	12
28	» 60 307	2	78	1 68 000	»
29	» 62 461	3	79	1 70 153	1
30	» 64 615	4	80	1 72 307	2
31	» 66 769	5	81	1 74 461	3
32	» 68 923	6	82	1 76 615	4
33	» 71 076	7	83	1 78 769	5
34	» 73 230	8	84	1 80 923	6
35	» 75 384	9	85	1 83 076	7
36	» 77 538	10	86	1 85 230	8
37	» 79 692	11	87	1 87 384	9
38	» 81 846	12	88	1 89 538	10
39	» 84 000	»	89	1 91 692	11
40	» 86 153	1	90	1 93 846	12
41	» 88 307	2	91	1 96 000	»
42	» 90 461	3	92	1 98 153	1
43	» 92 615	4	93	2 00 307	2
44	» 94 769	5	94	2 02 461	3
45	» 96 923	6	95	2 04 615	4
46	» 99 076	7	96	2 06 769	5
47	1 01 230	8	97	2 08 923	6
48	1 03 384	9	98	2 11 076	7
49	1 05 538	10	99	2 13 230	8
50	1 07 692	11	100	2 15 384	9

Sommes	Intérêts. f. c.	nos	Sommes	Intérêts. f. c.	nos
101	2 17 538	10	151	3 25 230	8
102	2 19 692	11	152	3 27 384	9
103	2 21 846	12	153	3 29 538	10
104	2 24 000	»	154	3 31 692	11
105	2 26 153	1	155	3 33 846	12
106	2 28 307	2	156	3 36 000	»
107	2 30 461	3	157	3 38 153	1
108	2 32 615	4	158	3 40 307	2
109	2 34 769	5	159	3 42 461	3
110	2 36 923	6	160	3 44 615	4
111	2 39 076	7	161	3 46 769	5
112	2 41 230	8	162	3 48 923	6
113	2 43 384	9	163	3 51 076	7
114	2 45 538	10	164	3 53 230	8
115	2 47 692	11	165	3 55 384	9
116	2 49 846	12	166	3 57 538	10
117	2 52 000	»	167	3 59 692	11
118	2 54 153	1	168	3 61 846	12
119	2 56 307	2	169	3 64 000	»
120	2 58 461	3	170	3 66 153	1
121	2 60 615	4	171	3 68 307	2
122	2 62 769	5	172	3 70 461	3
123	2 64 923	6	173	3 72 615	4
124	2 67 076	7	174	3 74 769	5
125	2 69 230	8	175	3 76 923	6
126	2 71 384	9	176	3 79 076	7
127	2 73 538	10	177	3 81 230	8
128	2 75 692	11	178	3 83 384	9
129	2 77 846	12	179	3 85 538	10
130	2 80 000	»	180	3 87 692	11
131	2 82 153	1	181	3 89 846	12
132	2 84 307	2	182	3 92 000	»
133	2 86 461	3	183	3 94 153	1
134	2 88 615	4	184	3 96 307	2
135	2 90 769	5	185	3 98 461	3
136	2 92 923	6	186	4 00 615	4
137	2 95 076	7	187	4 02 769	5
138	2 97 230	8	188	4 04 923	6
139	2 99 384	9	189	4 07 076	7
140	3 01 538	10	190	4 09 230	8
141	3 03 692	11	191	4 11 384	9
142	3 05 846	12	192	4 13 538	10
143	3 08 000	»	193	4 15 692	11
144	3 10 153	1	194	4 17 846	12
145	3 12 307	2	195	4 20 000	»
146	3 14 461	3	196	4 22 153	1
147	3 16 615	4	197	4 24 307	2
148	3 18 769	5	198	4 26 461	3
149	3 20 923	6	199	4 28 615	4
150	3 23 076	7	200	4 30 769	5

Sommes	Intérêts. f. c.	nos	Sommes	Intérêts. f. c.	nos
201	4 32 923	6	251	5 40 615	4
202	4 35 076	7	252	5 42 769	5
203	4 37 230	8	253	5 44 923	6
204	4 39 384	9	254	5 47 076	7
205	4 41 538	10	255	5 49 230	8
206	4 43 692	11	256	5 51 384	9
207	4 45 846	12	257	5 53 538	10
208	4 48 000	»	258	5 55 692	11
209	4 50 153	1	259	5 57 846	12
210	4 52 307	2	260	5 60 000	»
211	4 54 461	3	261	5 62 153	1
212	4 56 615	4	262	5 64 307	2
213	4 58 769	5	263	5 66 461	3
214	4 60 923	6	264	5 68 615	4
215	4 63 076	7	265	5 70 769	5
216	4 65 230	8	266	5 72 923	6
217	4 67 384	9	267	5 75 076	7
218	4 69 538	10	268	5 77 230	8
219	4 71 692	11	269	5 79 384	9
220	4 73 846	12	270	5 81 538	10
221	4 76 000	»	271	5 83 692	11
222	4 78 153	1	272	5 85 846	12
223	4 80 307	2	273	5 88 000	»
224	4 82 461	3	274	5 90 153	1
225	4 84 615	4	275	5 92 307	2
226	4 86 769	5	276	5 94 461	3
227	4 88 923	6	277	5 96 615	4
228	4 91 076	7	278	5 98 769	5
229	4 93 230	8	279	6 00 923	6
230	4 95 384	9	280	6 03 076	7
231	4 97 538	10	281	6 05 230	8
232	4 99 692	11	282	6 07 384	9
233	5 01 846	12	283	6 09 538	10
234	5 04 000	»	284	6 11 692	11
235	5 06 153	1	285	6 13 846	12
236	5 08 307	2	286	6 16 000	»
237	5 10 461	3	287	6 18 153	1
238	5 12 615	4	288	6 20 307	2
239	5 14 769	5	289	6 22 461	3
240	5 16 923	6	290	6 24 615	4
241	5 19 076	7	291	6 26 769	5
242	5 21 230	8	292	6 28 923	6
243	5 23 384	9	293	6 31 076	7
244	5 25 538	10	294	6 33 230	8
245	5 27 692	11	295	6 35 384	9
246	5 29 846	12	296	6 37 538	10
247	5 32 000	»	297	6 39 692	11
248	5 34 153	1	298	6 41 846	12
249	5 36 307	2	299	6 44 000	»
250	5 38 461	3	300	6 46 153	1

Sommes.	Intérêts.	n°s	Sommes.	Intérêts.	n°s
1	» 02 221	1	51	1 13 278	12
2	» 04 442	2	52	1 15 500	»
3	» 06 663	3	53	1 17 721	1
4	» 08 884	4	54	1 19 942	2
5	» 11 105	5	55	1 22 163	3
6	» 13 326	6	56	1 24 384	4
7	» 15 548	7	57	1 26 605	5
8	» 17 769	8	58	1 28 826	6
9	» 19 990	9	59	1 31 048	7
10	» 22 211	10	60	1 33 269	8
11	» 24 432	11	61	1 35 490	9
12	» 26 653	12	62	1 37 711	10
13	» 28 875	»	63	1 39 932	11
14	» 31 096	1	64	1 42 153	12
15	» 33 317	2	65	1 44 375	»
16	» 35 538	3	66	1 46 596	1
17	» 37 759	4	67	1 48 817	2
18	» 39 980	5	68	1 51 038	3
19	» 42 201	6	69	1 53 259	4
20	» 44 423	7	70	1 55 480	5
21	» 46 644	8	71	1 57 701	6
22	» 48 865	9	72	1 59 923	7
23	» 51 086	10	73	1 62 144	8
24	» 53 307	11	74	1 64 365	9
25	» 55 528	12	75	1 66 586	10
26	» 57 750	»	76	1 68 807	11
27	» 59 971	1	77	1 71 028	12
28	» 62 192	2	78	1 73 250	»
29	» 64 413	3	79	1 75 471	1
30	» 66 634	4	80	1 77 692	2
31	» 68 855	5	81	1 79 913	3
32	» 71 076	6	82	1 82 134	4
33	» 73 298	7	83	1 84 355	5
34	» 75 519	8	84	1 86 576	6
35	» 77 740	9	85	1 88 798	7
36	» 79 961	10	86	1 91 019	8
37	» 82 182	11	87	1 93 240	9
38	» 84 403	12	88	1 95 461	10
39	» 86 625	»	89	1 97 682	11
40	» 88 846	1	90	1 99 903	12
41	» 91 067	2	91	2 02 125	»
42	» 93 288	3	92	2 04 346	1
43	» 95 509	4	93	2 06 567	2
44	» 97 730	5	94	2 08 788	3
45	» 99 951	6	95	2 11 009	4
46	1 02 173	7	96	2 13 230	5
47	1 04 394	8	97	2 15 451	6
48	1 06 615	9	98	2 17 673	7
49	1 08 836	10	99	2 19 894	8
50	1 11 057	11	100	2 22 115	9

Sommes.	Intérêts.	n°s	Sommes.	Intérêts.	n°s
101	2 24 336	10	151	3 35 394	8
102	2 26 557	11	152	3 37 615	9
103	2 28 778	12	153	3 39 836	10
104	2 31 000	»	154	3 42 057	11
105	2 33 221	1	155	3 44 278	12
106	2 35 442	2	156	3 46 500	»
107	2 37 663	3	157	3 48 721	1
108	2 39 884	4	158	3 50 942	2
109	2 42 105	5	159	3 53 163	3
110	2 44 326	6	160	3 55 384	4
111	2 46 548	7	161	3 57 605	5
112	2 48 769	8	162	3 59 826	6
113	2 50 990	9	163	3 62 048	7
114	2 53 211	10	164	3 64 269	8
115	2 55 432	11	165	3 66 490	9
116	2 57 653	12	166	3 68 711	10
117	2 59 875	»	167	3 70 932	11
118	2 62 096	1	168	3 73 153	12
119	2 64 317	2	169	3 75 375	»
120	2 66 538	3	170	3 77 596	1
121	2 68 759	4	171	3 79 817	2
122	2 70 980	5	172	3 82 038	3
123	2 73 201	6	173	3 84 259	4
124	2 75 423	7	174	3 86 480	5
125	2 77 644	8	175	3 88 701	6
126	2 79 865	9	176	3 90 923	7
127	2 82 086	10	177	3 93 144	8
128	2 84 307	11	178	3 95 365	9
129	2 86 528	12	179	3 97 586	10
130	2 88 750	»	180	3 99 807	11
131	2 90 971	1	181	4 02 028	12
132	2 93 192	2	182	4 04 250	»
133	2 95 413	3	183	4 06 471	1
134	2 97 634	4	184	4 08 692	2
135	2 99 855	5	185	4 10 913	3
136	3 02 076	6	186	4 13 134	4
137	3 04 298	7	187	4 15 355	5
138	3 06 519	8	188	4 17 576	6
139	3 08 740	9	189	4 19 798	7
140	3 10 961	10	190	4 22 019	8
141	3 13 182	11	191	4 24 240	9
142	3 15 403	12	192	4 26 461	10
143	3 17 625	»	193	4 28 682	11
144	3 19 846	1	194	4 30 903	12
145	3 22 067	2	195	4 33 125	»
146	3 24 288	3	196	4 35 346	1
147	3 26 509	4	197	4 37 567	2
148	3 28 730	5	198	4 39 788	3
149	3 30 951	6	199	4 42 009	4
150	3 33 173	7	200	4 44 230	5

Sommes.	Intérêts.	n°s	Sommes.	Intérêts.	n°s
201	4 46 451	6	251	5 57 509	4
202	4 48 673	7	252	5 59 730	5
203	4 50 894	8	253	5 61 951	6
204	4 53 115	9	254	5 64 173	7
205	4 55 336	10	255	5 66 394	8
206	4 57 557	11	256	5 68 615	9
207	4 59 778	12	257	5 70 836	10
208	4 62 000	»	258	5 73 057	11
209	4 64 221	1	259	5 75 278	12
210	4 66 442	2	260	5 77 500	»
211	4 68 663	3	261	5 79 721	1
212	4 70 884	4	262	5 81 942	2
213	4 73 105	5	263	5 34 163	3
214	4 75 326	6	264	5 86 384	4
215	4 77 548	7	265	5 88 605	5
216	4 79 769	8	266	5 90 826	6
217	4 81 990	9	267	5 93 048	7
218	4 84 211	10	268	5 95 269	8
219	4 86 432	11	269	5 97 490	9
220	4 88 653	12	270	5 99 711	10
221	4 90 875	»	271	6 01 932	11
222	4 93 096	1	272	6 04 153	12
223	4 95 317	2	273	6 06 375	»
224	4 97 538	3	274	6 08 596	1
225	4 99 759	4	275	6 10 817	2
226	5 01 980	5	276	6 13 038	3
227	5 04 201	6	277	6 15 259	4
228	5 06 423	7	278	6 17 480	5
229	5 08 644	8	279	6 19 701	6
230	5 10 865	9	280	6 21 923	7
231	5 13 086	10	281	6 24 144	8
232	5 15 307	11	282	6 26 365	9
233	5 17 528	12	283	6 28 586	10
234	5 19 750	»	284	6 30 807	11
235	5 21 971	1	285	6 33 028	12
236	5 24 192	2	286	6 35 250	»
237	5 26 413	3	287	6 37 471	1
238	5 28 634	4	288	6 39 692	2
239	5 30 855	5	289	6 41 913	3
240	5 33 076	6	290	6 44 134	4
241	5 35 298	7	291	6 46 355	5
242	5 37 519	8	292	6 48 576	6
243	5 39 740	9	293	6 50 798	7
244	5 41 961	10	294	6 53 019	8
245	5 44 182	11	295	6 55 240	9
246	5 46 403	12	296	6 57 461	10
247	5 48 625	»	297	6 59 682	11
248	5 50 846	1	298	6 61 903	12
249	5 53 067	2	299	6 64 125	»
250	5 55 288	3	300	6 66 346	1

n°s	Périodes
1	153846
2	307692
3	461538
4	615384
5	769230
6	923076
7	076923
8	230769
9	384615
10	538461
11	692307
12	846153

n⁰ˢ	Périodes
1	461538
2	923076
3	384615
4	846153
5	307692
6	769230
7	230769
8	692307
9	153846
10	615384
11	076923
12	538461

Sommes	Intérêts f.	c.	n⁰ˢ	Sommes	Intérêts f.	c.	n⁰ˢ
1	»	02 288	1	51	1	16 711	12
2	»	04 576	2	52	1	19 000	»
3	»	06 865	3	53	1	21 288	1
4	»	09 153	4	54	1	23 576	2
5	»	11 442	5	55	1	25 865	3
6	»	13 730	6	56	1	28 153	4
7	»	16 019	7	57	1	30 442	5
8	»	18 307	8	58	1	32 730	6
9	»	20 596	9	59	1	35 019	7
10	»	22 884	10	60	1	37 307	8
11	»	25 173	11	61	1	39 596	9
12	»	27 461	12	62	1	41 884	10
13	»	29 750	»	63	1	44 173	11
14	»	32 038	1	64	1	46 461	12
15	»	34 326	2	65	1	48 750	»
16	»	36 615	3	66	1	51 038	1
17	»	38 903	4	67	1	53 326	2
18	»	41 192	5	68	1	55 615	3
19	»	43 480	6	69	1	57 903	4
20	»	45 769	7	70	1	60 192	5
21	»	48 057	8	71	1	62 480	6
22	»	50 346	9	72	1	64 769	7
23	»	52 634	10	73	1	67 057	8
24	»	54 923	11	74	1	69 346	9
25	»	57 211	12	75	1	71 634	10
26	»	59 500	»	76	1	73 923	11
27	»	61 788	1	77	1	76 211	12
28	»	64 076	2	78	1	78 500	»
29	»	66 365	3	79	1	80 788	1
30	»	68 653	4	80	1	83 076	2
31	»	70 942	5	81	1	85 365	3
32	»	73 230	6	82	1	87 653	4
33	»	75 519	7	83	1	89 942	5
34	»	77 807	8	84	1	92 230	6
35	»	80 096	9	85	1	94 519	7
36	»	82 384	10	86	1	96 807	8
37	»	84 673	11	87	1	99 096	9
38	»	86 961	12	88	2	01 384	10
39	»	89 250	»	89	2	03 673	11
40	»	91 538	1	90	2	05 961	12
41	»	93 826	2	91	2	08 250	»
42	»	96 115	3	92	2	10 538	1
43	»	98 403	4	93	2	12 826	2
44	1	00 692	5	94	2	15 115	3
45	1	02 980	6	95	2	17 403	4
46	1	05 269	7	96	2	19 692	5
47	1	07 557	8	97	2	21 980	6
48	1	09 846	9	98	2	24 269	7
49	1	12 134	10	99	2	26 557	8
50	1	14 423	11	100	2	28 846	9

Sommes	Intérêts f.	c.	n⁰ˢ	Sommes	Intérêts f.	c.	n⁰ˢ
101	2	31 134	10	151	3	45 557	8
102	2	33 423	11	152	3	47 846	9
103	2	35 711	12	153	3	50 134	10
104	2	38 000	»	154	3	52 423	11
105	2	40 288	1	155	3	54 711	12
106	2	42 576	2	156	3	57 000	»
107	2	44 865	3	157	3	59 288	1
108	2	47 153	4	158	3	61 576	2
109	2	49 442	5	159	3	63 865	3
110	2	51 730	6	160	3	66 153	4
111	2	54 019	7	161	3	68 442	5
112	2	56 307	8	162	3	70 730	6
113	2	58 596	9	163	3	73 019	7
114	2	60 884	10	164	3	75 307	8
115	2	63 173	11	165	3	77 596	9
116	2	65 461	12	166	3	79 884	10
117	2	67 750	»	167	3	82 173	11
118	2	70 038	1	168	3	84 461	12
119	2	72 326	2	169	3	86 750	»
120	2	74 615	3	170	3	89 038	1
121	2	76 903	4	171	3	91 326	2
122	2	79 192	5	172	3	93 615	3
123	2	81 480	6	173	3	95 903	4
124	2	83 769	7	174	3	98 192	5
125	2	86 057	8	175	4	00 480	6
126	2	88 346	9	176	4	02 769	7
127	2	90 634	10	177	4	05 057	8
128	2	92 923	11	178	4	07 346	9
129	2	95 211	12	179	4	09 634	10
130	2	97 500	»	180	4	11 923	11
131	2	99 788	1	181	4	14 211	12
132	3	02 076	2	182	4	16 500	»
133	3	04 365	3	183	4	18 788	1
134	3	06 653	4	184	4	21 076	2
135	3	08 942	5	185	4	23 365	3
136	3	11 230	6	186	4	25 653	4
137	3	13 519	7	187	4	27 942	5
138	3	15 807	8	188	4	30 230	6
139	3	18 096	9	189	4	32 519	7
140	3	20 384	10	190	4	34 807	8
141	3	22 673	11	191	4	37 096	9
142	3	24 961	12	192	4	39 384	10
143	3	27 250	»	193	4	41 673	11
144	3	29 538	1	194	4	43 961	12
145	3	31 826	2	195	4	46 250	»
146	3	34 115	3	196	4	48 538	1
147	3	36 403	4	197	4	50 826	2
148	3	38 692	5	198	4	53 115	3
149	3	40 980	6	199	4	55 403	4
150	3	43 269	7	200	4	57 692	5

Sommes	Intérêts f.	c.	n⁰ˢ	Sommes	Intérêts f.	c.	n⁰ˢ
201	4	59 980	6	251	5	74 403	4
202	4	62 269	7	252	5	76 692	5
203	4	64 557	8	253	5	78 980	6
204	4	66 846	9	254	5	81 269	7
205	4	69 134	10	255	5	83 557	8
206	4	71 423	11	256	5	85 846	9
207	4	73 711	12	257	5	88 134	10
208	4	76 000	»	258	5	90 423	11
209	4	78 288	1	259	5	92 711	12
210	4	80 576	2	260	5	95 000	»
211	4	82 865	3	261	5	97 288	1
212	4	85 153	4	262	5	99 576	2
213	4	87 442	5	263	6	01 865	3
214	4	89 730	6	264	6	04 153	4
215	4	92 019	7	265	6	06 442	5
216	4	94 307	8	266	6	08 730	6
217	4	96 596	9	267	6	11 019	7
218	4	98 884	10	268	6	13 307	8
219	5	01 173	11	269	6	15 596	9
220	5	03 461	12	270	6	17 884	10
221	5	05 750	»	271	6	20 173	11
222	5	08 038	1	272	6	22 461	12
223	5	10 326	2	273	6	24 750	»
224	5	12 615	3	274	6	27 038	1
225	5	14 903	4	275	6	29 326	2
226	5	17 192	5	276	6	31 615	3
227	5	19 480	6	277	6	33 903	4
228	5	21 769	7	278	6	36 192	5
229	5	24 057	8	279	6	38 480	6
230	5	26 346	9	280	6	40 769	7
231	5	28 634	10	281	6	43 057	8
232	5	30 923	11	282	6	45 346	9
233	5	33 211	12	283	6	47 634	10
234	5	35 500	»	284	6	49 923	11
235	5	37 788	1	285	6	52 211	12
236	5	40 076	2	286	6	54 500	»
237	5	42 365	3	287	6	56 788	1
238	5	44 653	4	288	6	59 076	2
239	5	46 942	5	289	6	61 365	3
240	5	49 230	6	290	6	63 653	4
241	5	51 519	7	291	6	65 942	5
242	5	53 807	8	292	6	68 230	6
243	5	56 096	9	293	6	70 519	7
244	5	58 384	10	294	6	72 807	8
245	5	60 673	11	295	6	75 096	9
246	5	62 961	12	296	6	77 384	10
247	5	65 250	»	297	6	79 673	11
248	5	67 538	1	298	6	81 961	12
249	5	69 826	2	299	6	84 250	»
250	5	72 115	3	300	6	86 538	1

Sommes	Intérêts f.	Intérêts c.	n°s	Sommes	Intérêts f.	Intérêts c.	n°s
1	»	02 355	1	51	1	20 144	12
2	»	04 711	2	52	1	22 500	»
3	»	07 067	3	53	1	24 855	1
4	»	09 423	4	54	1	27 211	2
5	»	11 778	5	55	1	29 567	3
6	»	14 134	6	56	1	31 923	4
7	»	16 490	7	57	1	34 278	5
8	»	18 846	8	58	1	36 634	6
9	»	21 201	9	59	1	38 990	7
10	»	23 557	10	60	1	41 346	8
11	»	25 913	11	61	1	43 701	9
12	»	28 269	12	62	1	46 057	10
13	»	30 625	»	63	1	48 413	11
14	»	32 980	1	64	1	50 769	12
15	»	35 336	2	65	1	53 125	»
16	»	37 692	3	66	1	55 480	1
17	»	40 048	4	67	1	57 836	2
18	»	42 403	5	68	1	60 192	3
19	»	44 759	6	69	1	62 548	4
20	»	47 115	7	70	1	64 903	5
21	»	49 471	8	71	1	67 259	6
22	»	51 826	9	72	1	69 615	7
23	»	54 182	10	73	1	71 971	8
24	»	56 538	11	74	1	74 326	9
25	»	58 894	12	75	1	76 682	10
26	»	61 250	»	76	1	79 038	11
27	»	63 605	1	77	1	81 394	12
28	»	65 961	2	78	1	83 750	»
29	»	68 317	3	79	1	86 105	1
30	»	70 673	4	80	1	88 461	2
31	»	73 028	5	81	1	90 817	3
32	»	75 384	6	82	1	93 173	4
33	»	77 740	7	83	1	95 528	5
34	»	80 096	8	84	1	97 884	6
35	»	82 451	9	85	2	00 240	7
36	»	84 807	10	86	2	02 596	8
37	»	87 163	11	87	2	04 951	9
38	»	89 519	12	88	2	07 307	10
39	»	91 875	»	89	2	09 663	11
40	»	94 230	1	90	2	12 019	12
41	»	96 586	2	91	2	14 375	»
42	»	98 942	3	92	2	16 730	1
43	1	01 298	4	93	2	19 086	2
44	1	03 653	5	94	2	21 442	3
45	1	06 009	6	95	2	23 798	4
46	1	08 365	7	96	2	26 153	5
47	1	10 721	8	97	2	28 509	6
48	1	13 076	9	98	2	30 865	7
49	1	15 432	10	99	2	33 221	8
50	1	17 788	11	100	2	35 576	9

Sommes	Intérêts f.	Intérêts c.	n°s	Sommes	Intérêts f.	Intérêts c.	n°s
101	2	37 932	10	151	3	55 721	8
102	2	40 288	11	152	3	58 076	9
103	2	42 644	12	153	3	60 432	10
104	2	45 000	»	154	3	62 788	11
105	2	47 355	1	155	3	65 144	12
106	2	49 711	2	156	3	67 500	»
107	2	52 067	3	157	3	69 855	1
108	2	54 423	4	158	3	72 211	2
109	2	56 778	5	159	3	74 567	3
110	2	59 134	6	160	3	76 923	4
111	2	61 490	7	161	3	79 278	5
112	2	63 846	8	162	3	81 634	6
113	2	66 201	9	163	3	83 990	7
114	2	68 557	10	164	3	86 346	8
115	2	70 913	11	165	3	88 701	9
116	2	73 269	12	166	3	91 057	10
117	2	75 625	»	167	3	93 413	11
118	2	77 980	1	168	3	95 769	12
119	2	80 336	2	169	3	98 125	»
120	2	82 692	3	170	4	00 480	1
121	2	85 048	4	171	4	02 836	2
122	2	87 403	5	172	4	05 192	3
123	2	89 759	6	173	4	07 548	4
124	2	92 115	7	174	4	09 903	5
125	2	94 471	8	175	4	12 259	6
126	2	96 826	9	176	4	14 615	7
127	2	99 182	10	177	4	16 971	8
128	3	01 538	11	178	4	19 326	9
129	3	03 894	12	179	4	21 682	10
130	3	06 250	»	180	4	24 038	11
131	3	08 605	1	181	4	26 394	12
132	3	10 961	2	182	4	28 750	»
133	3	13 317	3	183	4	31 105	1
134	3	15 673	4	184	4	33 461	2
135	3	18 028	5	185	4	35 817	3
136	3	20 384	6	186	4	38 173	4
137	3	22 740	7	187	4	40 528	5
138	3	25 096	8	188	4	42 884	6
139	3	27 451	9	189	4	45 240	7
140	3	29 807	10	190	4	47 596	8
141	3	32 163	11	191	4	49 951	9
142	3	34 519	12	192	4	52 307	10
143	3	36 875	»	193	4	54 663	11
144	3	39 230	1	194	4	57 019	12
145	3	41 586	2	195	4	59 375	»
146	3	43 942	3	196	4	61 730	1
147	3	46 298	4	197	4	64 086	2
148	3	48 653	5	198	4	66 442	3
149	3	51 009	6	199	4	68 798	4
150	3	53 365	7	200	4	71 153	5

Sommes	Intérêts f.	Intérêts c.	n°s	Sommes	Intérêts f.	Intérêts c.	n°s
201	4	73 509	6	251	5	91 298	4
202	4	75 865	7	252	5	93 653	5
203	4	78 221	8	253	5	96 009	6
204	4	80 576	9	254	5	98 365	7
205	4	82 932	10	255	6	00 721	8
206	4	85 288	11	256	6	03 076	9
207	4	87 644	12	257	6	05 432	10
208	4	90 000	»	258	6	07 788	11
209	4	92 355	1	259	6	10 144	12
210	4	94 711	2	260	6	12 500	»
211	4	97 067	3	261	6	14 855	1
212	4	99 423	4	262	6	17 211	2
213	5	01 778	5	263	6	19 567	3
214	5	04 134	6	264	6	21 923	4
215	5	06 490	7	265	6	24 278	5
216	5	08 846	8	266	6	26 634	6
217	5	11 201	9	267	6	28 990	7
218	5	13 557	10	268	6	31 346	8
219	5	15 913	11	269	6	33 701	9
220	5	18 269	12	270	6	36 057	10
221	5	20 625	»	271	6	38 413	11
222	5	22 980	1	272	6	40 769	12
223	5	25 336	2	273	6	43 125	»
224	5	27 692	3	274	6	45 480	1
225	5	30 048	4	275	6	47 836	2
226	5	32 403	5	276	6	50 192	3
227	5	34 759	6	277	6	52 548	4
228	5	37 115	7	278	6	54 903	5
229	5	39 471	8	279	6	57 259	6
230	5	41 826	9	280	6	59 615	7
231	5	44 182	10	281	6	61 971	8
232	5	46 538	11	282	6	64 326	9
233	5	48 894	12	283	6	66 682	10
234	5	51 250	»	284	6	69 038	11
235	5	53 605	1	285	6	71 394	12
236	5	55 961	2	286	6	73 750	»
237	5	58 317	3	287	6	76 105	1
238	5	60 673	4	288	6	78 461	2
239	5	63 028	5	289	6	80 817	3
240	5	65 384	6	290	6	83 173	4
241	5	67 740	7	291	6	85 528	5
242	5	70 096	8	292	6	87 884	6
243	5	72 451	9	293	6	90 240	7
244	5	74 807	10	294	6	92 596	8
245	5	77 163	11	295	6	94 951	9
246	5	79 519	12	296	6	97 307	10
247	5	81 875	»	297	6	99 663	11
248	5	84 230	1	298	7	02 019	12
249	5	86 586	2	299	7	04 375	»
250	5	88 942	3	300	7	06 730	1

n°s	Périodes
1	769230
2	538461
3	307692
4	076923
5	846153
6	615384
7	384615
8	153846
9	923076
10	692307
11	461538
12	230769

Périodes

n°s	Périodes
1	076923
2	153846
3	230769
4	307692
5	384615
6	461538
7	538461
8	615384
9	692307
10	769230
11	846153
12	923076

Bloc 1

Sommes	Intérêts f.	Intérêts c.	n°s	Sommes	Intérêts f.	Intérêts c.	n°s
1	»	02 423	1	51	1	23 576	12
2	»	04 846	2	52	1	26 000	»
3	»	07 269	3	53	1	28 423	1
4	»	09 692	4	54	1	30 846	2
5	»	12 115	5	55	1	33 269	3
6	»	14 538	6	56	1	35 692	4
7	»	16 961	7	57	1	38 115	5
8	»	19 384	8	58	1	40 538	6
9	»	21 807	9	59	1	42 961	7
10	»	24 230	10	60	1	45 384	8
11	»	26 653	11	61	1	47 807	9
12	»	29 076	12	62	1	50 230	10
13	»	31 500	»	63	1	52 653	11
14	»	33 923	1	64	1	55 076	12
15	»	36 346	2	65	1	57 500	»
16	»	38 769	3	66	1	59 923	1
17	»	41 192	4	67	1	62 346	2
18	»	43 615	5	68	1	64 769	3
19	»	46 038	6	69	1	67 192	4
20	»	48 461	7	70	1	69 615	5
21	»	50 884	8	71	1	72 038	6
22	»	53 307	9	72	1	74 461	7
23	»	55 730	10	73	1	76 884	8
24	»	58 153	11	74	1	79 307	9
25	»	60 576	12	75	1	81 730	10
26	»	63 000	»	76	1	84 153	11
27	»	65 423	1	77	1	86 576	12
28	»	67 846	2	78	1	89 000	»
29	»	70 269	3	79	1	91 423	1
30	»	72 692	4	80	1	93 846	2
31	»	75 115	5	81	1	96 269	3
32	»	77 538	6	82	1	98 692	4
33	»	79 961	7	83	2	01 115	5
34	»	82 384	8	84	2	03 538	6
35	»	84 807	9	85	2	05 961	7
36	»	87 230	10	86	2	08 384	8
37	»	89 653	11	87	2	10 807	9
38	»	92 076	12	88	2	13 230	10
39	»	94 500	»	89	2	15 653	11
40	»	96 923	1	90	2	18 076	12
41	»	99 346	2	91	2	20 500	»
42	1	01 769	3	92	2	22 923	1
43	1	04 192	4	93	2	25 346	2
44	1	06 615	5	94	2	27 769	3
45	1	09 038	6	95	2	30 192	4
46	1	11 461	7	96	2	32 615	5
47	1	13 884	8	97	2	35 038	6
48	1	16 307	9	98	2	37 461	7
49	1	18 730	10	99	2	39 884	8
50	1	21 153	11	100	2	42 307	9

Bloc 2

Sommes	Intérêts f.	Intérêts c.	n°s	Sommes	Intérêts f.	Intérêts c.	n°s
101	2	44 730	10	151	3	65 884	8
102	2	47 153	11	152	3	68 307	9
103	2	49 576	12	153	3	70 730	10
104	2	52 000	»	154	3	73 153	11
105	2	54 423	1	155	3	75 576	12
106	2	56 846	2	156	3	78 000	»
107	2	59 269	3	157	3	80 423	1
108	2	61 692	4	158	3	82 846	2
109	2	64 115	5	159	3	85 269	3
110	2	66 538	6	160	3	87 692	4
111	2	68 961	7	161	3	90 115	5
112	2	71 384	8	162	3	92 538	6
113	2	73 807	9	163	3	94 961	7
114	2	76 230	10	164	3	97 384	8
115	2	78 653	11	165	3	99 807	9
116	2	81 076	12	166	4	02 230	10
117	2	83 500	»	167	4	04 653	11
118	2	85 923	1	168	4	07 076	12
119	2	88 346	2	169	4	09 500	»
120	2	90 769	3	170	4	11 923	1
121	2	93 192	4	171	4	14 346	2
122	2	95 615	5	172	4	16 769	3
123	2	98 038	6	173	4	19 192	4
124	3	00 461	7	174	4	21 615	5
125	3	02 884	8	175	4	24 038	6
126	3	05 307	9	176	4	26 461	7
127	3	07 730	10	177	4	28 884	8
128	3	10 153	11	178	4	31 307	9
129	3	12 576	12	179	4	33 730	10
130	3	15 000	»	180	4	36 153	11
131	3	17 423	1	181	4	38 576	12
132	3	19 846	2	182	4	41 000	»
133	3	22 269	3	183	4	43 423	1
134	3	24 692	4	184	4	45 846	2
135	3	27 115	5	185	4	48 269	3
136	3	29 538	6	186	4	50 692	4
137	3	31 961	7	187	4	53 115	5
138	3	34 384	8	188	4	55 538	6
139	3	36 807	9	189	4	57 961	7
140	3	39 230	10	190	4	60 384	8
141	3	41 653	11	191	4	62 807	9
142	3	44 076	12	192	4	65 230	10
143	3	46 500	»	193	4	67 653	11
144	3	48 923	1	194	4	70 076	12
145	3	51 346	2	195	4	72 500	»
146	3	53 769	3	196	4	74 923	1
147	3	56 192	4	197	4	77 346	2
148	3	58 615	5	198	4	79 769	3
149	3	61 038	6	199	4	82 192	4
150	3	63 461	7	200	4	84 615	5

Bloc 3

Sommes	Intérêts f.	Intérêts c.	n°s	Sommes	Intérêts f.	Intérêts c.	n°s
201	4	87 038	6	251	6	08 192	4
202	4	89 461	7	252	6	10 615	5
203	4	91 884	8	253	6	13 038	6
204	4	94 307	9	254	6	15 461	7
205	4	96 730	10	255	6	17 884	8
206	4	99 153	11	256	6	20 307	9
207	5	01 576	12	257	6	22 730	10
208	5	04 000	»	258	6	25 153	11
209	5	06 423	1	259	6	27 576	12
210	5	08 846	2	260	6	30 000	»
211	5	11 269	3	261	6	32 423	1
212	5	13 692	4	262	6	34 846	2
213	5	16 115	5	263	6	37 269	3
214	5	18 538	6	264	6	39 692	4
215	5	20 961	7	265	6	42 115	5
216	5	23 384	8	266	6	44 538	6
217	5	25 807	9	267	6	46 961	7
218	5	28 230	10	268	6	49 384	8
219	5	30 653	11	269	6	51 807	9
220	5	33 076	12	270	6	54 230	10
221	5	35 500	»	271	6	56 653	11
222	5	37 923	1	272	6	59 076	12
223	5	40 346	2	273	6	61 500	»
224	5	42 769	3	274	6	63 923	1
225	5	45 192	4	275	6	66 346	2
226	5	47 615	5	276	6	68 769	3
227	5	50 038	6	277	6	71 192	4
228	5	52 461	7	278	6	73 615	5
229	5	54 884	8	279	6	76 038	6
230	5	57 307	9	280	6	78 461	7
231	5	59 730	10	281	6	80 884	8
232	5	62 153	11	282	6	83 307	9
233	5	64 576	12	283	6	85 730	10
234	5	67 000	»	284	6	88 153	11
235	5	69 423	1	285	6	90 576	12
236	5	71 846	2	286	6	93 000	»
237	5	74 269	3	287	6	95 423	1
238	5	76 692	4	288	6	97 846	2
239	5	79 115	5	289	7	00 269	3
240	5	81 538	6	290	7	02 692	4
241	5	83 961	7	291	7	05 115	5
242	5	86 384	8	292	7	07 538	6
243	5	88 807	9	293	7	09 961	7
244	5	91 230	10	294	7	12 384	8
245	5	93 653	11	295	7	14 807	9
246	5	96 076	12	296	7	17 230	10
247	5	98 500	»	297	7	19 653	11
248	6	00 923	1	298	7	22 076	12
249	6	03 346	2	299	7	24 500	»
250	6	05 769	3	300	7	26 923	1

Sommes.	Intérêts. (f. c.)	n^os	Sommes.	Intérêts. (f. c.)	n^os
1	» 02 490	1	51	1 27 009	12
2	» 04 980	2	52	1 29 500	»
3	» 07 471	3	53	1 31 990	1
4	» 09 961	4	54	1 34 480	2
5	» 12 451	5	55	1 36 971	3
6	» 14 942	6	56	1 39 461	4
7	» 17 432	7	57	1 41 951	5
8	» 19 923	8	58	1 44 442	6
9	» 22 413	9	59	1 46 932	7
10	» 24 903	10	60	1 49 423	8
11	» 27 394	11	61	1 51 913	9
12	» 29 884	12	62	1 54 403	10
13	» 32 375	»	63	1 56 894	11
14	» 34 865	1	64	1 59 384	12
15	» 37 355	2	65	1 61 875	»
16	» 39 846	3	66	1 64 365	1
17	» 42 336	4	67	1 66 855	2
18	» 44 826	5	68	1 69 346	3
19	» 47 317	6	69	1 71 836	4
20	» 49 807	7	70	1 74 326	5
21	» 52 298	8	71	1 76 817	6
22	» 54 788	9	72	1 79 307	7
23	» 57 278	10	73	1 81 798	8
24	» 59 769	11	74	1 84 288	9
25	» 62 259	12	75	1 86 778	10
26	» 64 750	»	76	1 89 269	11
27	» 67 240	1	77	1 91 759	12
28	» 69 730	2	78	1 94 250	»
29	» 72 221	3	79	1 96 740	1
30	» 74 711	4	80	1 99 230	2
31	» 77 201	5	81	2 01 721	3
32	» 79 692	6	82	2 04 211	4
33	» 82 182	7	83	2 06 701	5
34	» 84 673	8	84	2 09 192	6
35	» 87 163	9	85	2 11 682	7
36	» 89 653	10	86	2 14 173	8
37	» 92 144	11	87	2 16 663	9
38	» 94 634	12	88	2 19 153	10
39	» 97 125	»	89	2 21 644	11
40	» 99 615	1	90	2 24 134	12
41	1 02 105	2	91	2 26 625	»
42	1 04 596	3	92	2 29 115	1
43	1 07 086	4	93	2 31 605	2
44	1 09 576	5	94	2 34 096	3
45	1 12 067	6	95	2 36 586	4
46	1 14 557	7	96	2 39 076	5
47	1 17 048	8	97	2 41 567	6
48	1 19 538	9	98	2 44 057	7
49	1 22 028	10	99	2 46 548	8
50	1 24 519	11	100	2 49 038	9

Sommes.	Intérêts. (f. c.)	n^os	Sommes.	Intérêts. (f. c.)	n^os
101	2 51 528	10	151	3 76 048	8
102	2 54 019	11	152	3 78 538	9
103	2 56 509	12	153	3 81 028	10
104	2 59 000	»	154	3 83 519	11
105	2 61 490	1	155	3 86 009	12
106	2 63 980	2	156	3 88 500	»
107	2 66 471	3	157	3 90 990	1
108	2 68 961	4	158	3 93 480	2
109	2 71 451	5	159	3 95 971	3
110	2 73 942	6	160	3 98 461	4
111	2 76 432	7	161	4 00 951	5
112	2 78 923	8	162	4 03 442	6
113	2 81 413	9	163	4 05 932	7
114	2 83 903	10	164	4 08 423	8
115	2 86 394	11	165	4 10 913	9
116	2 88 884	12	166	4 13 403	10
117	2 91 375	»	167	4 15 894	11
118	2 93 865	1	168	4 18 384	12
119	2 96 355	2	169	4 20 875	»
120	2 98 846	3	170	4 23 365	1
121	3 01 336	4	171	4 25 855	2
122	3 03 826	5	172	4 28 346	3
123	3 06 317	6	173	4 30 836	4
124	3 08 807	7	174	4 33 326	5
125	3 11 298	8	175	4 35 817	6
126	3 13 788	9	176	4 38 307	7
127	3 16 278	10	177	4 40 798	8
128	3 18 769	11	178	4 43 288	9
129	3 21 259	12	179	4 45 778	10
130	3 23 750	»	180	4 48 269	11
131	3 26 240	1	181	4 50 759	12
132	3 28 730	2	182	4 53 250	»
133	3 31 221	3	183	4 55 740	1
134	3 33 711	4	184	4 58 230	2
135	3 36 201	5	185	4 60 721	3
136	3 38 692	6	186	4 63 211	4
137	3 41 182	7	187	4 65 701	5
138	3 43 673	8	188	4 68 192	6
139	3 46 163	9	189	4 70 682	7
140	3 48 653	10	190	4 73 173	8
141	3 51 144	11	191	4 75 663	9
142	3 53 634	12	192	4 78 153	10
143	3 56 125	»	193	4 80 644	11
144	3 58 615	1	194	4 83 134	12
145	3 61 105	2	195	4 85 625	»
146	3 63 596	3	196	4 88 115	1
147	3 66 086	4	197	4 90 605	2
148	3 68 576	5	198	4 93 096	3
149	3 71 067	6	199	4 95 586	4
150	3 73 557	7	200	4 98 076	5

Sommes.	Intérêts. (f. c.)	n^os	Sommes.	Intérêts. (f. c.)	n^os
201	5 00 567	6	251	6 25 086	4
202	5 03 057	7	252	6 27 576	5
203	5 05 548	8	253	6 30 067	6
204	5 08 038	9	254	6 32 557	7
205	5 10 528	10	255	6 35 048	8
206	5 13 019	11	256	6 37 538	9
207	5 15 509	12	257	6 40 028	10
208	5 18 000	»	258	6 42 519	11
209	5 20 490	1	259	6 45 009	12
210	5 22 980	2	260	6 47 500	»
211	5 25 471	3	261	6 49 990	1
212	5 27 961	4	262	6 52 480	2
213	5 30 451	5	263	6 54 971	3
214	5 32 942	6	264	6 57 461	4
215	5 35 432	7	265	6 59 951	5
216	5 37 923	8	266	6 62 442	6
217	5 40 413	9	267	6 64 932	7
218	5 42 903	10	268	6 67 423	8
219	5 45 394	11	269	6 69 913	9
220	5 47 884	12	270	6 72 403	10
221	5 50 375	»	271	6 74 894	11
222	5 52 865	1	272	6 77 384	12
223	5 55 355	2	273	6 79 875	»
224	5 57 846	3	274	6 82 365	1
225	5 60 336	4	275	6 84 855	2
226	5 62 826	5	276	6 87 346	3
227	5 65 317	6	277	6 89 836	4
228	5 67 807	7	278	6 92 326	5
229	5 70 298	8	279	6 94 817	6
230	5 72 788	9	280	6 97 307	7
231	5 75 278	10	281	6 99 798	8
232	5 77 769	11	282	7 02 288	9
233	5 80 259	12	283	7 04 778	10
234	5 82 750	»	284	7 07 269	11
235	5 85 240	1	285	7 09 759	12
236	5 87 730	2	286	7 12 250	»
237	5 90 221	3	287	7 14 740	1
238	5 92 711	4	288	7 17 230	2
239	5 95 201	5	289	7 19 721	3
240	5 97 692	6	290	7 22 211	4
241	6 00 182	7	291	7 24 701	5
242	6 02 673	8	292	7 27 192	6
243	6 05 163	9	293	7 29 682	7
244	6 07 653	10	294	7 32 173	8
245	6 10 144	11	295	7 34 663	9
246	6 12 634	12	296	7 37 153	10
247	6 15 125	»	297	7 39 644	11
248	6 17 615	1	298	7 42 134	12
249	6 20 105	2	299	7 44 625	»
250	6 22 596	3	300	7 47 115	1

n^os	Périodes
1	384615
2	769230
3	153846
4	538461
5	923076
6	307692
7	692307
8	076923
9	461538
10	846153
11	230769
12	615384

n.os	Périodes
1	692307
2	384615
3	076923
4	769230
5	461538
6	153846
7	846153
8	538461
9	230769
10	923076
11	615384
12	307692

Sommes.	Intérêts.	n.os	Sommes.	Intérêts.	n.os
	f. c.			f. c.	
1	» 02 557	1	51	1 30 442	12
2	» 05 115	2	52	1 33 000	»
3	» 07 673	3	53	1 35 557	1
4	» 10 230	4	54	1 38 115	2
5	» 12 788	5	55	1 40 673	3
6	» 15 346	6	56	1 43 230	4
7	» 17 903	7	57	1 45 788	5
8	» 20 461	8	58	1 48 346	6
9	» 23 019	9	59	1 50 903	7
10	» 25 576	10	60	1 53 461	8
11	» 28 134	11	61	1 56 019	9
12	» 30 692	12	62	1 58 576	10
13	» 33 250	»	63	1 61 134	11
14	» 35 807	1	64	1 63 692	12
15	» 38 365	2	65	1 66 250	»
16	» 40 923	3	66	1 68 807	1
17	» 43 480	4	67	1 71 365	2
18	» 46 038	5	68	1 73 923	3
19	» 48 596	6	69	1 76 480	4
20	» 51 153	7	70	1 79 038	5
21	» 53 711	8	71	1 81 596	6
22	» 56 269	9	72	1 84 153	7
23	» 58 826	10	73	1 86 711	8
24	» 61 384	11	74	1 89 269	9
25	» 63 942	12	75	1 91 826	10
26	» 66 500	»	76	1 94 384	11
27	» 69 057	1	77	1 96 942	12
28	» 71 615	2	78	1 99 500	»
29	» 74 173	3	79	2 02 057	1
30	» 76 730	4	80	2 04 615	2
31	» 79 288	5	81	2 07 173	3
32	» 81 846	6	82	2 09 730	4
33	» 84 403	7	83	2 12 288	5
34	» 86 961	8	84	2 14 846	6
35	» 89 519	9	85	2 17 403	7
36	» 92 076	10	86	2 19 961	8
37	» 94 634	11	87	2 22 519	9
38	» 97 192	12	88	2 25 076	10
39	» 99 750	»	89	2 27 634	11
40	1 02 307	1	90	2 30 192	12
41	1 04 865	2	91	2 32 750	»
42	1 07 423	3	92	2 35 307	1
43	1 09 980	4	93	2 37 865	2
44	1 12 538	5	94	2 40 423	3
45	1 15 096	6	95	2 42 980	4
46	1 17 653	7	96	2 45 538	5
47	1 20 211	8	97	2 48 096	6
48	1 22 769	9	98	2 50 653	7
49	1 25 386	10	99	2 53 211	8
50	1 27 884	11	100	2 55 769	9

Sommes.	Intérêts.	n.os	Sommes.	Intérêts.	n.os
	f. c.			f. c.	
101	2 58 326	10	151	3 86 211	8
102	2 60 884	11	152	3 88 769	9
103	2 63 442	12	153	3 91 326	10
104	2 66 000	»	154	3 93 884	11
105	2 68 557	1	155	3 96 442	12
106	2 71 115	2	156	3 99 000	»
107	2 73 673	3	157	4 01 557	1
108	2 76 230	4	158	4 04 115	2
109	2 78 788	5	159	4 06 673	3
110	2 81 346	6	160	4 09 230	4
111	2 83 903	7	161	4 11 788	5
112	2 86 461	8	162	4 14 346	6
113	2 89 019	9	163	4 16 903	7
114	2 91 576	10	164	4 19 461	8
115	2 94 134	11	165	4 22 019	9
116	2 96 692	12	166	4 24 576	10
117	2 99 250	»	167	4 27 134	11
118	3 01 807	1	168	4 29 692	12
119	3 04 365	2	169	4 32 250	»
120	3 06 923	3	170	4 34 807	1
121	3 09 480	4	171	4 37 365	2
122	3 12 038	5	172	4 39 923	3
123	3 14 596	6	173	4 42 480	4
124	3 17 153	7	174	4 45 038	5
125	3 19 711	8	175	4 47 596	6
126	3 22 269	9	176	4 50 153	7
127	3 24 826	10	177	4 52 711	8
128	3 27 384	11	178	4 55 269	9
129	3 29 942	12	179	4 57 826	10
130	3 32 500	»	180	4 60 384	11
131	3 35 057	1	181	4 62 942	12
132	3 37 615	2	182	4 65 500	»
133	3 40 173	3	183	4 68 057	1
134	3 42 730	4	184	4 70 615	2
135	3 45 288	5	185	4 73 173	3
136	3 47 846	6	186	4 75 730	4
137	3 50 403	7	187	4 78 288	5
138	3 52 961	8	188	4 80 846	6
139	3 55 519	9	189	4 83 403	7
140	3 58 076	10	190	4 85 961	8
141	3 60 634	11	191	4 88 519	9
142	3 63 192	12	192	4 91 076	10
143	3 65 750	»	193	4 93 634	11
144	3 68 307	1	194	4 96 192	12
145	3 70 865	2	195	4 98 750	»
146	3 73 423	3	196	5 01 307	1
147	3 75 980	4	197	5 03 865	2
148	3 78 538	5	198	5 06 423	3
149	3 81 096	6	199	5 08 980	4
150	3 83 653	7	200	5 11 538	5

Sommes.	Intérêts.	n.os	Sommes.	Intérêts.	n.os
	f. c.			f. c.	
201	5 14 096	6	251	6 41 980	4
202	5 16 653	7	252	6 44 538	5
203	5 19 211	8	253	6 47 096	6
204	5 21 769	9	254	6 49 653	7
205	5 24 326	10	255	6 52 211	8
206	5 26 884	11	256	6 54 769	9
207	5 29 442	12	257	6 57 326	10
208	5 32 000	»	258	6 59 884	11
209	5 34 557	1	259	6 62 442	12
210	5 37 115	2	260	6 65 000	»
211	5 39 673	3	261	6 67 557	1
212	5 42 230	4	262	6 70 115	2
213	5 44 788	5	263	6 72 673	3
214	5 47 346	6	264	6 75 230	4
215	5 49 903	7	265	6 77 788	5
216	5 52 461	8	266	6 80 346	6
217	5 55 019	9	267	6 82 903	7
218	5 57 576	10	268	6 85 461	8
219	5 60 134	11	269	6 88 019	9
220	5 62 692	12	270	6 90 576	10
221	5 65 250	»	271	6 93 134	11
222	5 67 807	1	272	6 95 692	12
223	5 70 365	2	273	6 98 250	»
224	5 72 923	3	274	7 00 807	1
225	5 75 480	4	275	7 03 365	2
226	5 78 038	5	276	7 05 923	3
227	5 80 596	6	277	7 08 480	4
228	5 83 153	7	278	7 11 038	5
229	5 85 711	8	279	7 13 596	6
230	5 88 269	9	280	7 16 153	7
231	5 90 826	10	281	7 18 711	8
232	5 93 384	11	282	7 21 269	9
233	5 95 942	12	283	7 23 826	10
234	5 98 500	»	284	7 26 384	11
235	6 01 057	1	285	7 28 942	12
236	6 08 615	2	286	7 31 500	»
237	6 06 173	3	287	7 34 057	1
238	6 08 730	4	288	7 36 615	2
239	6 11 288	5	289	7 39 173	3
240	6 13 846	6	290	7 41 730	4
241	6 16 403	7	291	7 44 288	5
242	6 18 961	8	292	7 46 846	6
243	6 21 519	9	293	7 49 403	7
244	6 24 076	10	294	7 51 961	8
245	6 26 634	11	295	7 54 519	9
246	6 29 192	12	296	7 57 076	10
247	6 31 750	»	297	7 59 634	11
248	6 34 307	1	298	7 62 192	12
249	6 36 865	2	299	7 64 750	»
250	6 39 423	3	300	7 67 307	1

Sommes	Intérêts (f. c.)	n^os	Sommes	Intérêts (f. c.)	n^os	Sommes	Intérêts (f. c.)	n^os	Sommes	Intérêts (f. c.)	n^os	Sommes	Intérêts (f. c.)	n^os	Sommes	Intérêts (f. c.)	n^os
1	» 02 625	1	51	1 33 875	12	101	2 65 125	10	151	3 96 375	8	201	5 27 625	6	251	6 58 875	4
2	» 05 250	2	52	1 36 500	»	102	2 67 750	11	152	3 99 000	9	202	5 30 250	7	252	6 61 500	5
3	» 07 875	3	53	1 39 125	1	103	2 70 375	12	153	4 01 625	10	203	5 32 875	8	253	6 64 125	6
4	» 10 500	4	54	1 41 750	2	104	2 73 000	»	154	4 04 250	11	204	5 35 500	9	254	6 66 750	7
5	» 13 125	5	55	1 44 375	3	105	2 75 625	1	155	4 06 875	12	205	5 38 125	10	255	6 69 375	8
6	» 15 750	6	56	1 47 000	4	106	2 78 250	2	156	4 09 500	»	206	5 40 750	11	256	6 72 000	9
7	» 18 375	7	57	1 49 625	5	107	2 80 875	3	157	4 12 125	1	207	5 43 375	12	257	6 74 625	10
8	» 21 000	8	58	1 52 250	6	108	2 83 500	4	158	4 14 750	2	208	5 46 000	»	258	6 77 250	11
9	» 23 625	9	59	1 54 875	7	109	2 86 125	5	159	4 17 375	3	209	5 48 625	1	259	6 79 875	12
10	» 26 250	10	60	1 57 500	8	110	2 88 750	6	160	4 20 000	4	210	5 51 250	2	260	6 82 500	»
11	» 28 875	11	61	1 60 125	9	111	2 91 375	7	161	4 22 625	5	211	5 53 875	3	261	6 85 125	1
12	» 31 500	12	62	1 62 750	10	112	2 94 000	8	162	4 25 250	6	212	5 56 500	4	262	6 87 750	2
13	» 34 125	»	63	1 65 375	11	113	2 96 625	9	163	4 27 875	7	213	5 59 125	5	263	6 90 375	3
14	» 36 750	1	64	1 68 000	12	114	2 99 250	10	164	4 30 500	8	214	5 61 750	6	264	6 93 000	4
15	» 39 375	2	65	1 70 625	»	115	3 01 875	11	165	4 33 125	9	215	5 64 375	7	265	6 95 625	5
16	» 42 000	3	66	1 73 250	1	116	3 04 500	12	166	4 35 750	10	216	5 67 000	8	266	6 98 250	6
17	» 44 625	4	67	1 75 875	2	117	3 07 125	»	167	4 38 375	11	217	5 69 625	9	267	7 00 875	7
18	» 47 250	5	68	1 78 500	3	118	3 09 750	1	168	4 41 000	12	218	5 72 250	10	268	7 03 500	8
19	» 49 875	6	69	1 81 125	4	119	3 12 375	2	169	4 43 625	»	219	5 74 875	11	269	7 06 125	9
20	» 52 500	7	70	1 83 750	5	120	3 15 000	3	170	4 46 250	1	220	5 77 500	12	270	7 08 750	10
21	» 55 125	8	71	1 86 375	6	121	3 17 625	4	171	4 48 875	2	221	5 80 125	»	271	7 11 375	11
22	» 57 750	9	72	1 89 000	7	122	3 20 250	5	172	4 51 500	3	222	5 82 750	1	272	7 14 000	12
23	» 60 375	10	73	1 91 625	8	123	3 22 875	6	173	4 54 125	4	223	5 85 375	2	273	7 16 625	»
24	» 63 000	11	74	1 94 250	9	124	3 25 500	7	174	4 56 750	5	224	5 88 000	3	274	7 19 250	1
25	» 65 625	12	75	1 96 875	10	125	3 28 125	8	175	4 59 375	6	225	5 90 625	4	275	7 21 875	2
26	» 68 250	»	76	1 99 500	11	126	3 30 750	9	176	4 62 000	7	226	5 93 250	5	276	7 24 500	3
27	» 70 875	1	77	2 02 125	12	127	3 33 375	10	177	4 64 625	8	227	5 95 875	6	277	7 27 125	4
28	» 73 500	2	78	2 04 750	»	128	3 36 000	11	178	4 67 250	9	228	5 98 500	7	278	7 29 750	5
29	» 76 125	3	79	2 07 375	1	129	3 38 625	12	179	4 69 875	10	229	6 01 125	8	279	7 32 375	6
30	» 78 750	4	80	2 10 000	2	130	3 41 250	»	180	4 72 500	11	230	6 03 750	9	280	7 35 000	7
31	» 81 375	5	81	2 12 625	3	131	3 43 875	1	181	4 75 125	12	231	6 06 375	10	281	7 37 625	8
32	» 84 000	6	82	2 15 250	4	132	3 46 500	2	182	4 77 750	»	232	6 09 000	11	282	7 40 250	9
33	» 86 625	7	83	2 17 875	5	133	3 49 125	3	183	4 80 375	1	233	6 11 625	12	283	7 42 875	10
34	» 89 250	8	84	2 20 500	6	134	3 51 750	4	184	4 83 000	2	234	6 14 250	»	284	7 45 500	11
35	» 91 875	9	85	2 23 125	7	135	3 54 375	5	185	4 85 625	3	235	6 16 875	1	285	7 48 125	12
36	» 94 500	10	86	2 25 750	8	136	3 57 000	6	186	4 88 250	4	236	6 19 500	2	286	7 50 750	»
37	» 97 125	11	87	2 28 375	9	137	3 59 625	7	187	4 90 875	5	237	6 22 125	3	287	7 53 375	1
38	» 99 750	12	88	2 31 000	10	138	3 62 250	8	188	4 93 500	6	238	6 24 750	4	288	7 56 000	2
39	1 02 375	»	89	2 33 625	11	139	3 64 875	9	189	4 96 125	7	239	6 27 375	5	289	7 58 625	3
40	1 05 000	1	90	2 36 250	12	140	3 67 500	10	190	4 98 750	8	240	6 30 000	6	290	7 61 250	4
41	1 07 625	2	91	2 38 875	»	141	3 70 125	11	191	5 01 375	9	241	6 32 625	7	291	7 63 875	5
42	1 10 250	3	92	2 41 500	1	142	3 72 750	12	192	5 04 000	10	242	6 35 250	8	292	7 66 500	6
43	1 12 875	4	93	2 44 125	2	143	3 75 375	»	193	5 06 625	11	243	6 37 875	9	293	7 69 125	7
44	1 15 500	5	94	2 46 750	3	144	3 78 000	1	194	5 09 250	12	244	6 40 500	10	294	7 71 750	8
45	1 18 125	6	95	2 49 375	4	145	3 80 625	2	195	5 11 875	»	245	6 43 125	11	295	7 74 375	9
46	1 20 750	7	96	2 52 000	5	146	3 83 250	3	196	5 14 500	1	246	6 45 750	12	296	7 77 000	10
47	1 23 375	8	97	2 54 625	6	147	3 85 875	4	197	5 17 125	2	247	6 48 375	»	297	7 79 625	11
48	1 26 000	9	98	2 57 250	7	148	3 88 500	5	198	5 19 750	3	248	6 51 000	1	298	7 82 250	12
49	1 28 625	10	99	2 59 875	8	149	3 91 125	6	199	5 22 375	4	249	6 53 625	2	299	7 84 875	»
50	1 31 250	11	100	2 62 500	9	150	3 93 750	7	200	5 25 000	5	250	6 56 250	3	300	7 87 500	1

n^os	Périodes
1	000000
2	000000
3	000000
4	000000
5	000000
6	000000
7	000000
8	000000
9	000000
10	000000
11	000000
12	000000

n°s	Périodes
1	307692
2	615384
3	923076
4	230769
5	538461
6	846153
7	153846
8	461538
9	769230
10	076923
11	384615
12	692307

Sommes	Intérêts (f. c.)	n°s	Sommes	Intérêts (f. c.)	n°s
1	» 02 692	1	51	1 37 307	12
2	» 05 384	2	52	1 40 000	»
3	» 08 076	3	53	1 42 692	1
4	» 10 769	4	54	1 45 384	2
5	» 13 461	5	55	1 48 076	3
6	» 16 153	6	56	1 50 769	4
7	» 18 846	7	57	1 53 461	5
8	» 21 538	8	58	1 56 153	6
9	» 24 230	9	59	1 58 846	7
10	» 26 923	10	60	1 61 538	8
11	» 29 615	11	61	1 64 230	9
12	» 32 307	12	62	1 66 923	10
13	» 35 000	»	63	1 69 615	11
14	» 37 692	1	64	1 72 307	12
15	» 40 384	2	65	1 75 000	»
16	» 43 076	3	66	1 77 692	1
17	» 45 769	4	67	1 80 384	2
18	» 48 461	5	68	1 83 076	3
19	» 51 153	6	69	1 85 769	4
20	» 53 846	7	70	1 88 461	5
21	» 56 538	8	71	1 91 153	6
22	» 59 230	9	72	1 93 846	7
23	» 61 923	10	73	1 96 538	8
24	» 64 615	11	74	1 99 230	9
25	» 67 307	12	75	2 01 923	10
26	» 70 000	»	76	2 04 615	11
27	» 72 692	1	77	2 07 307	12
28	» 75 384	2	78	2 10 000	»
29	» 78 076	3	79	2 12 692	1
30	» 80 769	4	80	2 15 384	2
31	» 83 461	5	81	2 18 076	3
32	» 86 153	6	82	2 20 769	4
33	» 88 846	7	83	2 23 461	5
34	» 91 538	8	84	2 26 153	6
35	» 94 230	9	85	2 28 846	7
36	» 96 923	10	86	2 31 538	8
37	» 99 615	11	87	2 34 230	9
38	1 02 307	12	88	2 36 923	10
39	1 05 000	»	89	2 39 615	11
40	1 07 692	1	90	2 42 307	12
41	1 10 384	2	91	2 45 000	»
42	1 13 076	3	92	2 47 692	1
43	1 15 769	4	93	2 50 384	2
44	1 18 461	5	94	2 53 076	3
45	1 21 153	6	95	2 55 769	4
46	1 23 846	7	96	2 58 461	5
47	1 26 538	8	97	2 61 153	6
48	1 29 230	9	98	2 63 846	7
49	1 31 923	10	99	2 66 538	8
50	1 34 615	11	100	2 69 230	9

Sommes	Intérêts (f. c.)	n°s	Sommes	Intérêts (f. c.)	n°s
101	2 71 923	10	151	4 06 538	8
102	2 74 615	11	152	4 09 230	9
103	2 77 307	12	153	4 11 923	10
104	2 80 000	»	154	4 14 615	11
105	2 82 692	1	155	4 17 307	12
106	2 85 384	2	156	4 20 000	»
107	2 88 076	3	157	4 22 692	1
108	2 90 769	4	158	4 25 384	2
109	2 93 461	5	159	4 28 076	3
110	2 96 153	6	160	4 30 769	4
111	2 98 846	7	161	4 33 461	5
112	3 01 538	8	162	4 36 153	6
113	3 04 230	9	163	4 38 846	7
114	3 06 923	10	164	4 41 538	8
115	3 09 615	11	165	4 44 230	9
116	3 12 307	12	166	4 46 923	10
117	3 15 000	»	167	4 49 615	11
118	3 17 692	1	168	4 52 307	12
119	3 20 384	2	169	4 55 000	»
120	3 23 076	3	170	4 57 692	1
121	3 25 769	4	171	4 60 384	2
122	3 28 461	5	172	4 63 076	3
123	3 31 153	6	173	4 65 769	4
124	3 33 846	7	174	4 68 461	5
125	3 36 538	8	175	4 71 153	6
126	3 39 230	9	176	4 73 846	7
127	3 41 923	10	177	4 76 538	8
128	3 44 615	11	178	4 79 230	9
129	3 47 307	12	179	4 81 923	10
130	3 50 000	»	180	4 84 615	11
131	3 52 692	1	181	4 87 307	12
132	3 55 384	2	182	4 90 000	»
133	3 58 076	3	183	4 92 692	1
134	3 60 769	4	184	4 95 384	2
135	3 63 461	5	185	4 98 076	3
136	3 66 153	6	186	5 00 769	4
137	3 68 846	7	187	5 03 461	5
138	3 71 538	8	188	5 06 153	6
139	3 74 230	9	189	5 08 846	7
140	3 76 923	10	190	5 11 538	8
141	3 79 615	11	191	5 14 230	9
142	3 82 307	12	192	5 16 923	10
143	3 85 000	»	193	5 19 615	11
144	3 87 692	1	194	5 22 307	12
145	3 90 384	2	195	5 25 000	»
146	3 93 076	3	196	5 27 692	1
147	3 95 769	4	197	5 30 384	2
148	3 98 461	5	198	5 33 076	3
149	4 01 153	6	199	5 35 769	4
150	4 03 846	7	200	5 38 461	5

Sommes	Intérêts (f. c.)	n°s	Sommes	Intérêts (f. c.)	n°s
201	5 41 153	6	251	6 75 769	4
202	5 43 846	7	252	6 78 461	5
203	5 46 538	8	253	6 81 153	6
204	5 49 230	9	254	6 83 846	7
205	5 51 923	10	255	6 86 538	8
206	5 54 615	11	256	6 89 230	9
207	5 57 307	12	257	6 91 923	10
208	5 60 000	»	258	6 94 615	11
209	5 62 692	1	259	6 97 307	12
210	5 65 384	2	260	7 00 000	»
211	5 68 076	3	261	7 02 692	1
212	5 70 769	4	262	7 05 384	2
213	5 73 461	5	263	7 08 076	3
214	5 76 153	6	264	7 10 769	4
215	5 78 846	7	265	7 13 461	5
216	5 81 538	8	266	7 16 153	6
217	5 84 230	9	267	7 18 846	7
218	5 86 923	10	268	7 21 538	8
219	5 89 615	11	269	7 24 230	9
220	5 92 307	12	270	7 26 923	10
221	5 95 000	»	271	7 29 615	11
222	5 97 692	1	272	7 32 307	12
223	6 00 384	2	273	7 35 000	»
224	6 03 076	3	274	7 37 692	1
225	6 05 769	4	275	7 40 384	2
226	6 08 461	5	276	7 43 076	3
227	6 11 153	6	277	7 45 769	4
228	6 13 846	7	278	7 48 461	5
229	6 16 538	8	279	7 51 153	6
230	6 19 230	9	280	7 53 846	7
231	6 21 923	10	281	7 56 538	8
232	6 24 615	11	282	7 59 230	9
233	6 27 307	12	283	7 61 923	10
234	6 30 000	»	284	7 64 615	11
235	6 32 692	1	285	7 67 307	12
236	6 35 384	2	286	7 70 000	»
237	6 38 076	3	287	7 72 692	1
238	6 40 769	4	288	7 75 384	2
239	6 43 461	5	289	7 78 076	3
240	6 46 153	6	290	7 80 769	4
241	6 48 846	7	291	7 83 461	5
242	6 51 538	8	292	7 86 153	6
243	6 54 230	9	293	7 88 846	7
244	6 56 923	10	294	7 91 538	8
245	6 59 615	11	295	7 94 230	9
246	6 62 307	12	296	7 96 923	10
247	6 65 000	»	297	7 99 615	11
248	6 67 692	1	298	8 02 307	12
249	6 70 384	2	299	8 05 000	»
250	6 73 076	3	300	8 07 692	1

Sommes 1–100

Sommes	Intérêts (f. c.)	nos	Sommes	Intérêts (f. c.)	nos
1	» 02 759	1	51	1 40 740	12
2	» 05 519	2	52	1 43 500	»
3	» 08 278	3	53	1 46 259	1
4	» 11 038	4	54	1 49 019	2
5	» 13 798	5	55	1 51 778	3
6	» 16 557	6	56	1 54 538	4
7	» 19 317	7	57	1 57 298	5
8	» 22 076	8	58	1 60 057	6
9	» 24 836	9	59	1 62 817	7
10	» 27 596	10	60	1 65 576	8
11	» 30 355	11	61	1 68 336	9
12	» 33 115	12	62	1 71 096	10
13	» 35 875	»	63	1 73 855	11
14	» 38 634	1	64	1 76 615	12
15	» 41 394	2	65	1 79 375	»
16	» 44 153	3	66	1 82 134	1
17	» 46 913	4	67	1 84 894	2
18	» 49 673	5	68	1 87 653	3
19	» 52 432	6	69	1 90 413	4
20	» 55 192	7	70	1 93 173	5
21	» 57 951	8	71	1 95 932	6
22	» 60 711	9	72	1 98 692	7
23	» 63 471	10	73	2 01 451	8
24	» 66 230	11	74	2 04 211	9
25	» 68 990	12	75	2 06 971	10
26	» 71 750	»	76	2 09 730	11
27	» 74 509	1	77	2 12 490	12
28	» 77 269	2	78	2 15 250	»
29	» 80 028	3	79	2 18 009	1
30	» 82 788	4	80	2 20 769	2
31	» 85 548	5	81	2 23 528	3
32	» 88 307	6	82	2 26 288	4
33	» 91 067	7	83	2 29 048	5
34	» 93 826	8	84	2 31 807	6
35	» 96 586	9	85	2 34 567	7
36	» 99 346	10	86	2 37 326	8
37	1 02 105	11	87	2 40 086	9
38	1 04 865	12	88	2 42 846	10
39	1 07 625	»	89	2 45 605	11
40	1 10 384	1	90	2 48 365	12
41	1 13 144	2	91	2 51 125	»
42	1 15 903	3	92	2 53 884	1
43	1 18 663	4	93	2 56 644	2
44	1 21 423	5	94	2 59 403	3
45	1 24 182	6	95	2 62 163	4
46	1 26 942	7	96	2 64 923	5
47	1 29 701	8	97	2 67 682	6
48	1 32 461	9	98	2 70 442	7
49	1 35 221	10	99	2 73 201	8
50	1 37 980	11	100	2 75 961	9

Sommes 101–200

Sommes	Intérêts (f. c.)	nos	Sommes	Intérêts (f. c.)	nos
101	2 78 721	10	151	4 16 701	8
102	2 81 480	11	152	4 19 461	9
103	2 84 240	12	153	4 22 221	10
104	2 87 000	»	154	4 24 980	11
105	2 89 759	1	155	4 27 740	12
106	2 92 519	2	156	4 30 500	»
107	2 95 278	3	157	4 33 259	1
108	2 98 038	4	158	4 36 019	2
109	3 00 798	5	159	4 38 778	3
110	3 03 557	6	160	4 41 538	4
111	3 06 317	7	161	4 44 298	5
112	3 09 076	8	162	4 47 057	6
113	3 11 836	9	163	4 49 817	7
114	3 14 596	10	164	4 52 576	8
115	3 17 355	11	165	4 55 336	9
116	3 20 115	12	166	4 58 096	10
117	3 22 875	»	167	4 60 855	11
118	3 25 634	1	168	4 63 615	12
119	3 28 394	2	169	4 66 375	»
120	3 31 153	3	170	4 69 134	1
121	3 33 913	4	171	4 71 894	2
122	3 36 673	5	172	4 74 653	3
123	3 39 432	6	173	4 77 413	4
124	3 42 192	7	174	4 80 173	5
125	3 44 951	8	175	4 82 932	6
126	3 47 711	9	176	4 85 692	7
127	3 50 471	10	177	4 88 451	8
128	3 53 230	11	178	4 91 211	9
129	3 55 990	12	179	4 93 971	10
130	3 58 750	»	180	4 96 730	11
131	3 61 509	1	181	4 99 490	12
132	3 64 269	2	182	5 02 250	»
133	3 67 028	3	183	5 05 009	1
134	3 69 788	4	184	5 07 769	2
135	3 72 548	5	185	5 10 528	3
136	3 75 307	6	186	5 13 288	4
137	3 78 067	7	187	5 16 048	5
138	3 80 826	8	188	5 18 807	6
139	3 83 586	9	189	5 21 567	7
140	3 86 346	10	190	5 24 326	8
141	3 89 105	11	191	5 27 086	9
142	3 91 865	12	192	5 29 846	10
143	3 94 625	»	193	5 32 605	11
144	3 97 384	1	194	5 35 365	12
145	4 00 144	2	195	5 38 125	»
146	4 02 903	3	196	5 40 884	1
147	4 05 663	4	197	5 43 644	2
148	4 08 423	5	198	5 46 403	3
149	4 11 182	6	199	5 49 163	4
150	4 13 942	7	200	5 51 923	5

Sommes 201–300

Sommes	Intérêts (f. c.)	nos	Sommes	Intérêts (f. c.)	nos
201	5 54 682	6	251	6 92 663	4
202	5 57 442	7	252	6 95 423	5
203	5 60 201	8	253	6 98 182	6
204	5 62 961	9	254	7 00 942	7
205	5 65 721	10	255	7 03 701	8
206	5 68 480	11	256	7 06 461	9
207	5 71 240	12	257	7 09 221	10
208	5 74 000	»	258	7 11 980	11
209	5 76 759	1	259	7 14 740	12
210	5 79 519	2	260	7 17 500	»
211	5 82 278	3	261	7 20 259	1
212	5 85 038	4	262	7 23 019	2
213	5 87 798	5	263	7 25 778	3
214	5 90 557	6	264	7 28 538	4
215	5 93 317	7	265	7 31 298	5
216	5 96 076	8	266	7 34 057	6
217	5 98 836	9	267	7 36 817	7
218	6 01 596	10	268	7 39 576	8
219	6 04 355	11	269	7 42 336	9
220	6 07 115	12	270	7 45 096	10
221	6 09 875	»	271	7 47 855	11
222	6 12 634	1	272	7 50 615	12
223	6 15 394	2	273	7 53 375	»
224	6 18 153	3	274	7 56 134	1
225	6 20 913	4	275	7 58 894	2
226	6 23 673	5	276	7 61 653	3
227	6 26 432	6	277	7 64 413	4
228	6 29 192	7	278	7 67 173	5
229	6 31 951	8	279	7 69 932	6
230	6 34 711	9	280	7 72 692	7
231	6 37 471	10	281	7 75 451	8
232	6 40 230	11	282	7 78 211	9
233	6 42 990	12	283	7 80 971	10
234	6 45 750	»	284	7 83 730	11
235	6 48 509	1	285	7 86 490	12
236	6 51 269	2	286	7 89 250	»
237	6 54 028	3	287	7 92 009	1
238	6 56 788	4	288	7 94 769	2
239	6 59 548	5	289	7 97 528	3
240	6 62 307	6	290	8 00 288	4
241	6 65 067	7	291	8 03 048	5
242	6 67 826	8	292	8 05 807	6
243	6 70 586	9	293	8 08 567	7
244	6 73 346	10	294	8 11 326	8
245	6 76 105	11	295	8 14 086	9
246	6 78 865	12	296	8 16 846	10
247	6 81 625	»	297	8 19 605	11
248	6 84 384	1	298	8 22 365	12
249	6 87 144	2	299	8 25 125	»
250	6 89 903	3	300	8 27 884	1

nos	Périodes
1	615384
2	230769
3	846153
4	461538
5	076923
6	692307
7	307692
8	923076
9	538461
10	153846
11	769230
12	384615

Groupe I

Sommes	Intérêts (f. c.)	n^os	Sommes	Intérêts (f. c.)	n^os
1	» 02 826	1	51	1 44 173	12
2	» 05 653	2	52	1 47 000	»
3	» 08 480	3	53	1 49 826	1
4	» 11 307	4	54	1 52 653	2
5	» 14 134	5	55	1 55 480	3
6	» 16 961	6	56	1 58 307	4
7	» 19 788	7	57	1 61 134	5
8	» 22 615	8	58	1 63 961	6
9	» 25 442	9	59	1 66 788	7
10	» 28 269	10	60	1 69 615	8
11	» 31 096	11	61	1 72 442	9
12	» 33 923	12	62	1 75 269	10
13	» 36 750	»	63	1 78 096	11
14	» 39 576	1	64	1 80 923	12
15	» 42 403	2	65	1 83 750	»
16	» 45 230	3	66	1 86 576	1
17	» 48 057	4	67	1 89 403	2
18	» 50 884	5	68	1 92 230	3
19	» 53 711	6	69	1 95 057	4
20	» 56 538	7	70	1 97 884	5
21	» 59 365	8	71	2 00 711	6
22	» 62 192	9	72	2 03 538	7
23	» 65 019	10	73	2 06 365	8
24	» 67 846	11	74	2 09 192	9
25	» 70 673	12	75	2 12 019	10
26	» 73 500	»	76	2 14 846	11
27	» 76 326	1	77	2 17 673	12
28	» 79 153	2	78	2 20 500	»
29	» 81 980	3	79	2 23 326	1
30	» 84 807	4	80	2 26 153	2
31	» 87 634	5	81	2 28 980	3
32	» 90 461	6	82	2 31 807	4
33	» 93 288	7	83	2 34 634	5
34	» 96 115	8	84	2 37 461	6
35	» 98 942	9	85	2 40 288	7
36	1 01 769	10	86	2 43 115	8
37	1 04 596	11	87	2 45 942	9
38	1 07 423	12	88	2 48 769	10
39	1 10 250	»	89	2 51 596	11
40	1 13 076	1	90	2 54 423	12
41	1 15 903	2	91	2 57 250	»
42	1 18 730	3	92	2 60 076	1
43	1 21 557	4	93	2 62 903	2
44	1 24 384	5	94	2 65 730	3
45	1 27 211	6	95	2 68 557	4
46	1 30 038	7	96	2 71 384	5
47	1 32 865	8	97	2 74 211	6
48	1 35 692	9	98	2 77 038	7
49	1 38 519	10	99	2 79 865	8
50	1 41 346	11	100	2 82 692	9

Groupe II

Sommes	Intérêts (f. c.)	n^os	Sommes	Intérêts (f. c.)	n^os
101	2 85 519	10	151	4 26 865	8
102	2 88 346	11	152	4 29 692	9
103	2 91 173	12	153	4 32 519	10
104	2 94 000	»	154	4 35 346	11
105	2 96 826	1	155	4 38 173	12
106	2 99 653	2	156	4 41 000	»
107	3 02 480	3	157	4 43 826	1
108	3 05 307	4	158	4 46 653	2
109	3 08 134	5	159	4 49 480	3
110	3 10 961	6	160	4 52 307	4
111	3 13 788	7	161	4 55 134	5
112	3 16 615	8	162	4 57 961	6
113	3 19 442	9	163	4 60 788	7
114	3 22 269	10	164	4 63 615	8
115	3 25 096	11	165	4 66 442	9
116	3 27 923	12	166	4 69 269	10
117	3 30 750	»	167	4 72 096	11
118	3 33 576	1	168	4 74 923	12
119	3 36 403	2	169	4 77 750	»
120	3 39 230	3	170	4 80 576	1
121	3 42 057	4	171	4 83 403	2
122	3 44 884	5	172	4 86 230	3
123	3 47 711	6	173	4 89 057	4
124	3 50 538	7	174	4 91 884	5
125	3 53 365	8	175	4 94 711	6
126	3 56 192	9	176	4 97 538	7
127	3 59 019	10	177	5 00 365	8
128	3 61 846	11	178	5 03 192	9
129	3 64 673	12	179	5 06 019	10
130	3 67 500	»	180	5 08 846	11
131	3 70 326	1	181	5 11 673	12
132	3 73 153	2	182	5 14 500	»
133	3 75 980	3	183	5 17 326	1
134	3 78 807	4	184	5 20 153	2
135	3 81 634	5	185	5 22 980	3
136	3 84 461	6	186	5 25 807	4
137	3 87 288	7	187	5 28 634	5
138	3 90 115	8	188	5 31 461	6
139	3 92 942	9	189	5 34 288	7
140	3 95 769	10	190	5 37 115	8
141	3 98 596	11	191	5 39 942	9
142	4 01 423	12	192	5 42 769	10
143	4 04 250	»	193	5 45 596	11
144	4 07 076	1	194	5 48 423	12
145	4 09 903	2	195	5 51 250	»
146	4 12 730	3	196	5 54 076	1
147	4 15 557	4	197	5 56 903	2
148	4 18 384	5	198	5 59 730	3
149	4 21 211	6	199	5 62 557	4
150	4 24 038	7	200	5 65 384	5

Groupe III

Sommes	Intérêts (f. c.)	n^os	Sommes	Intérêts (f. c.)	n^os
201	5 68 211	6	251	7 09 557	4
202	5 71 038	7	252	7 12 384	5
203	5 73 865	8	253	7 15 211	6
204	5 76 692	9	254	7 18 038	7
205	5 79 519	10	255	7 20 865	8
206	5 82 346	11	256	7 23 692	9
207	5 85 173	12	257	7 26 519	10
208	5 88 000	»	258	7 29 346	11
209	5 90 826	1	259	7 32 173	12
210	5 93 653	2	260	7 35 000	»
211	5 96 480	3	261	7 37 826	1
212	5 99 307	4	262	7 40 653	2
213	6 02 134	5	263	7 43 480	3
214	6 04 961	6	264	7 46 307	4
215	6 07 788	7	265	7 49 134	5
216	6 10 615	8	266	7 51 961	6
217	6 13 442	9	267	7 54 788	7
218	6 16 269	10	268	7 57 615	8
219	6 19 096	11	269	7 60 442	9
220	6 21 923	12	270	7 63 269	10
221	6 24 750	»	271	7 66 096	11
222	6 27 576	1	272	7 68 923	12
223	6 30 403	2	273	7 71 750	»
224	6 33 230	3	274	7 74 576	1
225	6 36 057	4	275	7 77 403	2
226	6 38 884	5	276	7 80 230	3
227	6 41 711	6	277	7 83 057	4
228	6 44 538	7	278	7 85 884	5
229	6 47 365	8	279	7 88 711	6
230	6 50 192	9	280	7 91 538	7
231	6 53 019	10	281	7 94 365	8
232	6 55 846	11	282	7 97 192	9
233	6 58 673	12	283	8 00 019	10
234	6 61 500	»	284	8 02 846	11
235	6 64 326	1	285	8 05 673	12
236	6 67 153	2	286	8 08 500	»
237	6 69 980	3	287	8 11 326	1
238	6 72 807	4	288	8 14 153	2
239	6 75 634	5	289	8 16 980	3
240	6 78 461	6	290	8 19 807	4
241	6 81 288	7	291	8 22 634	5
242	6 84 115	8	292	8 25 461	6
243	6 86 942	9	293	8 28 288	7
244	6 89 769	10	294	8 31 115	8
245	6 92 596	11	295	8 33 942	9
246	6 95 423	12	296	8 36 769	10
247	6 98 250	»	297	8 39 596	11
248	7 01 076	1	298	8 42 423	12
249	7 03 903	2	299	8 45 250	»
250	7 06 730	3	300	8 48 076	1

Tableau en encart :

n^os	Périodes
1	923076
2	846153
3	769230
4	692307
5	615384
6	538461
7	461538
8	384615
9	307692
10	230769
11	153846
12	076923

Sommes.	Intérêts. (f. c.)	nos	Sommes.	Intérêts. (f. c.)	nos
1	» 02 894	1	51	1 47 605	12
2	» 05 788	2	52	1 50 500	»
3	» 08 682	3	53	1 53 394	1
4	» 11 576	4	54	1 56 288	2
5	» 14 471	5	55	1 59 182	3
6	» 17 365	6	56	1 62 076	4
7	» 20 259	7	57	1 64 971	5
8	» 23 153	8	58	1 67 865	6
9	» 26 048	9	59	1 70 759	7
10	» 28 942	10	60	1 73 653	8
11	» 31 836	11	61	1 76 548	9
12	» 34 730	12	62	1 79 442	10
13	» 37 625	»	63	1 82 336	11
14	» 40 519	1	64	1 85 230	12
15	» 43 413	2	65	1 88 125	»
16	» 46 307	3	66	1 91 019	1
17	» 49 201	4	67	1 93 913	2
18	» 52 096	5	68	1 96 807	3
19	» 54 990	6	69	1 99 701	4
20	» 57 884	7	70	2 02 596	5
21	» 60 778	8	71	2 05 490	6
22	» 63 673	9	72	2 08 384	7
23	» 66 567	10	73	2 11 278	8
24	» 69 461	11	74	2 14 173	9
25	» 72 355	12	75	2 17 067	10
26	» 75 250	»	76	2 19 961	11
27	» 78 144	1	77	2 22 855	12
28	» 81 038	2	78	2 25 750	»
29	» 83 932	3	79	2 28 644	1
30	» 86 826	4	80	2 31 538	2
31	» 89 721	5	81	2 34 432	3
32	» 92 615	6	82	2 37 326	4
33	» 95 509	7	83	2 40 221	5
34	» 98 403	8	84	2 43 115	6
35	1 01 298	9	85	2 46 009	7
36	1 04 192	10	86	2 48 903	8
37	1 07 086	11	87	2 51 798	9
38	1 09 980	12	88	2 54 692	10
39	1 12 875	»	89	2 57 586	11
40	1 15 769	1	90	2 60 480	12
41	1 18 663	2	91	2 63 375	»
42	1 21 557	3	92	2 66 269	1
43	1 24 451	4	93	2 69 163	2
44	1 27 346	5	94	2 72 057	3
45	1 30 240	6	95	2 74 951	4
46	1 33 134	7	96	2 77 846	5
47	1 36 028	8	97	2 80 740	6
48	1 38 923	9	98	2 83 634	7
49	1 41 817	10	99	2 86 528	8
50	1 44 711	11	100	2 89 423	9

Sommes.	Intérêts. (f. c.)	nos	Sommes.	Intérêts. (f. c.)	nos
101	2 92 317	10	151	4 37 028	8
102	2 95 211	11	152	4 39 923	9
103	2 98 105	12	153	4 42 817	10
104	3 01 000	»	154	4 45 711	11
105	3 03 894	1	155	4 48 605	12
106	3 06 788	2	156	4 51 500	»
107	3 09 682	3	157	4 54 394	1
108	3 12 576	4	158	4 57 288	2
109	3 15 471	5	159	4 60 182	3
110	3 18 365	6	160	4 63 076	4
111	3 21 259	7	161	4 65 971	5
112	3 24 153	8	162	4 68 865	6
113	3 27 048	9	163	4 71 759	7
114	3 29 942	10	164	4 74 653	8
115	3 32 836	11	165	4 77 548	9
116	3 35 730	12	166	4 80 442	10
117	3 38 625	»	167	4 83 336	11
118	3 41 519	1	168	4 86 230	12
119	3 44 413	2	169	4 89 125	»
120	3 47 307	3	170	4 92 019	1
121	3 50 201	4	171	4 94 913	2
122	3 53 096	5	172	4 97 807	3
123	3 55 990	6	173	5 00 701	4
124	3 58 884	7	174	5 03 596	5
125	3 61 778	8	175	5 06 490	6
126	3 64 673	9	176	5 09 384	7
127	3 67 567	10	177	5 12 278	8
128	3 70 461	11	178	5 15 173	9
129	3 73 355	12	179	5 18 067	10
130	3 76 250	»	180	5 20 961	11
131	3 79 144	1	181	5 23 855	12
132	3 82 038	2	182	5 26 750	»
133	3 84 932	3	183	5 29 644	1
134	3 87 826	4	184	5 32 538	2
135	3 90 721	5	185	5 35 432	3
136	3 93 615	6	186	5 38 326	4
137	3 96 509	7	187	5 41 221	5
138	3 99 403	8	188	5 44 115	6
139	4 02 298	9	189	5 47 009	7
140	4 05 192	10	190	5 49 903	8
141	4 08 086	11	191	5 52 798	9
142	4 10 980	12	192	5 55 692	10
143	4 13 875	»	193	5 58 586	11
144	4 16 769	1	194	5 61 480	12
145	4 19 663	2	195	5 64 375	»
146	4 22 557	3	196	5 67 269	1
147	4 25 451	4	197	5 70 163	2
148	4 28 346	5	198	5 73 057	3
149	4 31 240	6	199	5 75 951	4
150	4 34 134	7	200	5 78 846	5

Sommes.	Intérêts. (f. c.)	nos	Sommes.	Intérêts. (f. c.)	nos
201	5 81 740	6	251	7 26 451	4
202	5 84 634	7	252	7 29 346	5
203	5 87 528	8	253	7 32 240	6
204	5 90 423	9	254	7 35 134	7
205	5 93 317	10	255	7 38 028	8
206	5 96 211	11	256	7 40 923	9
207	5 99 105	12	257	7 43 817	10
208	6 02 000	»	258	7 46 711	11
209	6 04 894	1	259	7 49 605	12
210	6 07 788	2	260	7 52 500	»
211	6 10 682	3	261	7 55 394	1
212	6 13 576	4	262	7 58 288	2
213	6 16 471	5	263	7 61 182	3
214	6 19 365	6	264	7 64 076	4
215	6 22 259	7	265	7 66 971	5
216	6 25 153	8	266	7 69 865	6
217	6 28 048	9	267	7 72 759	7
218	6 30 942	10	268	7 75 653	8
219	6 33 836	11	269	7 78 548	9
220	6 36 730	12	270	7 81 442	10
221	6 39 625	»	271	7 84 336	11
222	6 42 519	1	272	7 87 230	12
223	6 45 413	2	273	7 90 125	»
224	6 48 307	3	274	7 93 019	1
225	6 51 201	4	275	7 95 913	2
226	6 54 096	5	276	7 98 807	3
227	6 56 990	6	277	8 01 701	4
228	6 59 884	7	278	8 04 596	5
229	6 62 778	8	279	8 07 490	6
230	6 65 673	9	280	8 10 384	7
231	6 68 567	10	281	8 13 278	8
232	6 71 464	11	282	8 16 173	9
233	6 74 355	12	283	8 19 067	10
234	6 77 250	»	284	8 21 961	11
235	6 80 144	1	285	8 24 855	12
236	6 83 038	2	286	8 27 750	»
237	6 85 932	3	287	8 30 644	1
238	6 88 826	4	288	8 33 538	2
239	6 91 721	5	289	8 36 432	3
240	6 94 615	6	290	8 39 326	4
241	6 97 509	7	291	8 42 221	5
242	7 00 403	8	292	8 45 115	6
243	7 03 298	9	293	8 48 009	7
244	7 06 192	10	294	8 50 903	8
245	7 09 086	11	295	8 53 798	9
246	7 11 980	12	296	8 56 692	10
247	7 14 875	»	297	8 59 586	11
248	7 17 769	1	298	8 62 480	12
249	7 20 663	2	299	8 65 375	»
250	7 23 557	3	300	8 68 269	1

nos	Périodes
1	230769
2	461538
3	692307
4	923076
5	153846
6	384615
7	615384
8	846153
9	076923
10	307692
11	538461
12	769230

n^os	Périodes
1	538461
2	076923
3	615384
4	153846
5	692307
6	230769
7	769230
8	307692
9	846153
10	384615
11	923076
12	461538

Sommes.	Intérêts. (f. c.)	n^os	Sommes.	Intérêts. (f. c.)	n^os
1	» 02 961	1	51	1 51 038	12
2	» 05 923	2	52	1 54 000	»
3	» 08 884	3	53	1 56 961	1
4	» 11 846	4	54	1 59 923	2
5	» 14 807	5	55	1 62 884	3
6	» 17 769	6	56	1 65 846	4
7	» 20 730	7	57	1 68 807	5
8	» 23 692	8	58	1 71 769	6
9	» 26 653	9	59	1 74 730	7
10	» 29 615	10	60	1 77 692	8
11	» 32 576	11	61	1 80 653	9
12	» 35 538	12	62	1 83 615	10
13	» 38 500	»	63	1 86 576	11
14	» 41 461	1	64	1 89 538	12
15	» 44 423	2	65	1 92 500	»
16	» 47 384	3	66	1 95 461	1
17	» 50 346	4	67	1 98 423	2
18	» 53 307	5	68	2 01 384	3
19	» 56 269	6	69	2 04 346	4
20	» 59 230	7	70	2 07 307	5
21	» 62 192	8	71	2 10 269	6
22	» 65 153	9	72	2 13 230	7
23	» 68 115	10	73	2 16 192	8
24	» 71 076	11	74	2 19 153	9
25	» 74 038	12	75	2 22 115	10
26	» 77 000	»	76	2 25 076	11
27	» 79 961	1	77	2 28 038	12
28	» 82 923	2	78	2 31 000	»
29	» 85 884	3	79	2 33 961	1
30	» 88 846	4	80	2 36 923	2
31	» 91 807	5	81	2 39 884	3
32	» 94 769	6	82	2 42 846	4
33	» 97 730	7	83	2 45 807	5
34	1 00 692	8	84	2 48 769	6
35	1 03 653	9	85	2 51 730	7
36	1 06 615	10	86	2 54 692	8
37	1 09 576	11	87	2 57 653	9
38	1 12 538	12	88	2 60 615	10
39	1 15 500	»	89	2 63 576	11
40	1 18 461	1	90	2 66 538	12
41	1 21 423	2	91	2 69 500	»
42	1 24 384	3	92	2 72 461	1
43	1 27 346	4	93	2 75 423	2
44	1 30 307	5	94	2 78 384	3
45	1 33 269	6	95	2 81 346	4
46	1 36 230	7	96	2 84 307	5
47	1 39 192	8	97	2 87 269	6
48	1 42 153	9	98	2 90 230	7
49	1 45 115	10	99	2 93 192	8
50	1 48 076	11	100	2 96 153	9

Sommes.	Intérêts. (f. c.)	n^os	Sommes.	Intérêts. (f. c.)	n^os
101	2 99 115	10	151	4 47 192	8
102	3 02 076	11	152	4 50 153	9
103	3 05 038	12	153	4 53 115	10
104	3 08 000	»	154	4 56 076	11
105	3 10 961	1	155	4 59 038	12
106	3 13 923	2	156	4 62 000	»
107	3 16 884	3	157	4 64 961	1
108	3 19 846	4	158	4 67 923	2
109	3 22 807	5	159	4 70 884	3
110	3 25 769	6	160	4 73 846	4
111	3 28 730	7	161	4 76 807	5
112	3 31 692	8	162	4 79 769	6
113	3 34 653	9	163	4 82 730	7
114	3 37 615	10	164	4 85 692	8
115	3 40 576	11	165	4 88 653	9
116	3 43 538	12	166	4 91 615	10
117	3 46 500	»	167	4 94 576	11
118	3 49 461	1	168	4 97 538	12
119	3 52 423	2	169	5 00 500	»
120	3 55 384	3	170	5 03 461	1
121	3 58 346	4	171	5 06 423	2
122	3 61 307	5	172	5 09 384	3
123	3 64 269	6	173	5 12 346	4
124	3 67 230	7	174	5 15 307	5
125	3 70 192	8	175	5 18 269	6
126	3 73 153	9	176	5 21 230	7
127	3 76 115	10	177	5 24 192	8
128	3 79 076	11	178	5 27 153	9
129	3 82 038	12	179	5 30 115	10
130	3 85 000	»	180	5 33 076	11
131	3 87 961	1	181	5 36 038	12
132	3 90 923	2	182	5 39 000	»
133	3 93 884	3	183	5 41 961	1
134	3 96 846	4	184	5 44 923	2
135	3 99 807	5	185	5 47 884	3
136	4 02 769	6	186	5 50 846	4
137	4 05 730	7	187	5 53 807	5
138	4 08 692	8	188	5 56 769	6
139	4 11 653	9	189	5 59 730	7
140	4 14 615	10	190	5 62 692	8
141	4 17 576	11	191	5 65 653	9
142	4 20 538	12	192	5 68 615	10
143	4 23 500	»	193	5 71 576	11
144	4 26 461	1	194	5 74 538	12
145	4 29 423	2	195	5 77 500	»
146	4 32 384	3	196	5 80 461	1
147	4 35 346	4	197	5 83 423	2
148	4 38 307	5	198	5 86 384	3
149	4 41 269	6	199	5 89 346	4
150	4 44 230	7	200	5 92 307	5

Sommes.	Intérêts. (f. c.)	n^os	Sommes.	Intérêts. (f. c.)	n^os
201	5 95 269	6	251	7 43 346	4
202	5 98 230	7	252	7 46 307	5
203	6 01 192	8	253	7 49 269	6
204	6 04 153	9	254	7 52 230	7
205	6 07 115	10	255	7 55 192	8
206	6 10 076	11	256	7 58 153	9
207	6 13 038	12	257	7 61 115	10
208	6 16 000	»	258	7 64 076	11
209	6 18 961	1	259	7 67 038	12
210	6 21 923	2	260	7 70 000	»
211	6 24 884	3	261	7 72 961	1
212	6 27 846	4	262	7 75 923	2
213	6 30 807	5	263	7 78 884	3
214	6 33 769	6	264	7 81 846	4
215	6 36 730	7	265	7 84 807	5
216	6 39 692	8	266	7 87 769	6
217	6 42 653	9	267	7 90 730	7
218	6 45 615	10	268	7 93 692	8
219	6 48 576	11	269	7 96 653	9
220	6 51 538	12	270	7 99 615	10
221	6 54 500	»	271	8 02 576	11
222	6 57 461	1	272	8 05 538	12
223	6 60 423	2	273	8 08 500	»
224	6 63 384	3	274	8 11 461	1
225	6 66 346	4	275	8 14 423	2
226	6 69 307	5	276	8 17 384	3
227	6 72 269	6	277	8 20 346	4
228	6 75 230	7	278	8 23 307	5
229	6 78 192	8	279	8 26 269	6
230	6 81 153	9	280	8 29 230	7
231	6 84 115	10	281	8 32 192	8
232	6 87 076	11	282	8 35 153	9
233	6 90 038	12	283	8 38 115	10
234	6 93 000	»	284	8 41 076	11
235	6 95 961	1	285	8 44 038	12
236	6 98 923	2	286	8 47 000	»
237	7 01 884	3	287	8 49 961	1
238	7 04 846	4	288	8 52 923	2
239	7 07 807	5	289	8 55 884	3
240	7 10 769	6	290	8 58 846	4
241	7 13 730	7	291	8 61 807	5
242	7 16 692	8	292	8 64 769	6
243	7 19 653	9	293	8 67 730	7
244	7 22 615	10	294	8 70 692	8
245	7 25 576	11	295	8 73 653	9
246	7 28 538	12	296	8 76 615	10
247	7 31 500	»	297	8 79 576	11
248	7 34 461	1	298	8 82 538	12
249	7 37 423	2	299	8 85 500	»
250	7 40 384	3	300	8 88 461	1

Sommes	Intérêts (f. c.)	n°s	Sommes	Intérêts (f. c.)	n°s
1	» 03 028	1	51	1 54 471	12
2	» 06 057	2	52	1 57 500	»
3	» 09 086	3	53	1 60 528	1
4	» 12 115	4	54	1 63 557	2
5	» 15 144	5	55	1 66 586	3
6	» 18 173	6	56	1 69 615	4
7	» 21 201	7	57	1 72 644	5
8	» 24 230	8	58	1 75 673	6
9	» 27 259	9	59	1 78 701	7
10	» 30 288	10	60	1 81 730	8
11	» 33 317	11	61	1 84 759	9
12	» 36 346	12	62	1 87 788	10
13	» 39 375	»	63	1 90 817	11
14	» 42 403	1	64	1 93 846	12
15	» 45 432	2	65	1 96 875	»
16	» 48 461	3	66	1 99 903	1
17	» 51 490	4	67	2 02 932	2
18	» 54 519	5	68	2 05 961	3
19	» 57 548	6	69	2 08 990	4
20	» 60 576	7	70	2 12 019	5
21	» 63 605	8	71	2 15 048	6
22	» 66 634	9	72	2 18 076	7
23	» 69 663	10	73	2 21 105	8
24	» 72 692	11	74	2 24 134	9
25	» 75 721	12	75	2 27 163	10
26	» 78 750	»	76	2 30 192	11
27	» 81 778	1	77	2 33 221	12
28	» 84 807	2	78	2 36 250	»
29	» 87 836	3	79	2 39 278	1
30	» 90 865	4	80	2 42 307	2
31	» 93 894	5	81	2 45 336	3
32	» 96 923	6	82	2 48 365	4
33	» 99 951	7	83	2 51 394	5
34	1 02 980	8	84	2 54 423	6
35	1 06 009	9	85	2 57 451	7
36	1 09 038	10	86	2 60 480	8
37	1 12 067	11	87	2 63 509	9
38	1 15 096	12	88	2 66 538	10
39	1 18 125	»	89	2 69 567	11
40	1 21 153	1	90	2 72 596	12
41	1 24 182	2	91	2 75 625	»
42	1 27 211	3	92	2 78 653	1
43	1 30 240	4	93	2 81 682	2
44	1 33 269	5	94	2 84 711	3
45	1 36 298	6	95	2 87 740	4
46	1 39 326	7	96	2 90 769	5
47	1 42 355	8	97	2 93 798	6
48	1 45 384	9	98	2 96 826	7
49	1 48 413	10	99	2 99 855	8
50	1 51 442	11	100	3 02 884	9

Sommes	Intérêts (f. c.)	n°s	Sommes	Intérêts (f. c.)	n°s
101	3 05 913	10	151	4 57 355	8
102	3 08 942	11	152	4 60 384	9
103	3 11 971	12	153	4 63 413	10
104	3 15 000	»	154	4 66 442	11
105	3 18 028	1	155	4 69 471	12
106	3 21 057	2	156	4 72 500	»
107	3 24 086	3	157	4 75 528	1
108	3 27 115	4	158	4 78 557	2
109	3 30 144	5	159	4 81 586	3
110	3 33 173	6	160	4 84 615	4
111	3 36 201	7	161	4 87 644	5
112	3 39 230	8	162	4 90 673	6
113	3 42 259	9	163	4 93 701	7
114	3 45 288	10	164	4 96 730	8
115	3 48 317	11	165	4 99 759	9
116	3 51 346	12	166	5 02 788	10
117	3 54 375	»	167	5 05 817	11
118	3 57 403	1	168	5 08 846	12
119	3 60 432	2	169	5 11 875	»
120	3 63 461	3	170	5 14 903	1
121	3 66 490	4	171	5 17 932	2
122	3 69 519	5	172	5 20 961	3
123	3 72 548	6	173	5 23 990	4
124	3 75 576	7	174	5 27 019	5
125	3 78 605	8	175	5 30 048	6
126	3 81 634	9	176	5 33 076	7
127	3 84 663	10	177	5 36 105	8
128	3 87 692	11	178	5 39 134	9
129	3 90 721	12	179	5 42 163	10
130	3 93 750	»	180	5 45 192	11
131	3 96 778	1	181	5 48 221	12
132	3 99 807	2	182	5 51 250	»
133	4 02 836	3	183	5 54 278	1
134	4 05 865	4	184	5 57 307	2
135	4 08 894	5	185	5 60 336	3
136	4 11 923	6	186	5 63 365	4
137	4 14 951	7	187	5 66 394	5
138	4 17 980	8	188	5 69 423	6
139	4 21 009	9	189	5 72 451	7
140	4 24 038	10	190	5 75 480	8
141	4 27 067	11	191	5 78 509	9
142	4 30 096	12	192	5 81 538	10
143	4 33 125	»	193	5 84 567	11
144	4 36 153	1	194	5 87 596	12
145	4 39 182	2	195	5 90 625	»
146	4 42 211	3	196	5 93 653	1
147	4 45 240	4	197	5 96 682	2
148	4 48 269	5	198	5 99 711	3
149	4 51 298	6	199	6 02 740	4
150	4 54 326	7	200	6 05 769	5

Sommes	Intérêts (f. c.)	n°s	Sommes	Intérêts (f. c.)	n°s
201	6 08 798	6	251	7 60 240	4
202	6 11 826	7	252	7 63 269	5
203	6 14 855	8	253	7 66 298	6
204	6 17 884	9	254	7 69 326	7
205	6 20 913	10	255	7 72 355	8
206	6 23 942	11	256	7 75 384	9
207	6 26 971	12	257	7 78 413	10
208	6 30 000	»	258	7 81 442	11
209	6 33 028	1	259	7 84 471	12
210	6 36 057	2	260	7 87 500	»
211	6 39 086	3	261	7 90 528	1
212	6 42 115	4	262	7 93 557	2
213	6 45 144	5	263	7 96 586	3
214	6 48 173	6	264	7 99 615	4
215	6 51 201	7	265	8 02 644	5
216	6 54 230	8	266	8 05 673	6
217	6 57 259	9	267	8 08 701	7
218	6 60 288	10	268	8 11 730	8
219	6 63 317	11	269	8 14 759	9
220	6 66 346	12	270	8 17 788	10
221	6 69 375	»	271	8 20 817	11
222	6 72 403	1	272	8 23 846	12
223	6 75 432	2	273	8 26 875	»
224	6 78 461	3	274	8 29 903	1
225	6 81 490	4	275	8 32 932	2
226	6 84 519	5	276	8 35 961	3
227	6 87 548	6	277	8 38 990	4
228	6 90 576	7	278	8 42 019	5
229	6 93 605	8	279	8 45 048	6
230	6 96 634	9	280	8 48 076	7
231	6 99 663	10	281	8 51 105	8
232	7 02 692	11	282	8 54 134	9
233	7 05 721	12	283	8 57 163	10
234	7 08 750	»	284	8 60 192	11
235	7 11 778	1	285	8 63 221	12
236	7 14 807	2	286	8 66 250	»
237	7 17 836	3	287	8 69 278	1
238	7 20 865	4	288	8 72 307	2
239	7 23 894	5	289	8 75 336	3
240	7 26 923	6	290	8 78 365	4
241	7 29 951	7	291	8 81 394	5
242	7 32 980	8	292	8 84 423	6
243	7 36 009	9	293	8 87 451	7
244	7 39 038	10	294	8 90 480	8
245	7 42 067	11	295	8 93 509	9
246	7 45 096	12	296	8 96 538	10
247	7 48 125	»	297	8 99 567	11
248	7 51 153	1	298	9 02 596	12
249	7 54 182	2	299	9 05 625	»
250	7 57 211	3	300	9 08 653	1

n°s	Périodes
1	846153
2	692307
3	538461
4	384615
5	230769
6	076923
7	923076
8	769230
9	615384
10	461538
11	307692
12	153846

Quarante-six Semaines.

Sommes	Intérêts (f. / c.)	n°s	Sommes	Intérêts (f. / c.)	n°s
1	» 03 096	1	51	1 57 903	12
2	» 06 192	2	52	1 61 000	»
3	» 09 288	3	53	1 64 096	1
4	» 12 384	4	54	1 67 192	2
5	» 15 480	5	55	1 70 288	3
6	» 18 576	6	56	1 73 384	4
7	» 21 673	7	57	1 76 480	5
8	» 24 769	8	58	1 79 576	6
9	» 27 865	9	59	1 82 673	7
10	» 30 961	10	60	1 85 769	8
11	» 34 057	11	61	1 88 865	9
12	» 37 153	12	62	1 91 961	10
13	» 40 250	»	63	1 95 057	11
14	» 43 346	1	64	1 98 153	12
15	» 46 442	2	65	2 01 250	»
16	» 49 538	3	66	2 04 346	1
17	» 52 634	4	67	2 07 442	2
18	» 55 730	5	68	2 10 538	3
19	» 58 826	6	69	2 13 634	4
20	» 61 923	7	70	2 16 730	5
21	» 65 019	8	71	2 19 826	6
22	» 68 115	9	72	2 22 923	7
23	» 71 211	10	73	2 26 019	8
24	» 74 307	11	74	2 29 115	9
25	» 77 403	12	75	2 32 211	10
26	» 80 500	»	76	2 35 307	11
27	» 83 596	1	77	2 38 403	12
28	» 86 692	2	78	2 41 500	»
29	» 89 788	3	79	2 44 596	1
30	» 92 884	4	80	2 47 692	2
31	» 95 980	5	81	2 50 788	3
32	» 99 076	6	82	2 53 884	4
33	1 02 173	7	83	2 56 980	5
34	1 05 269	8	84	2 60 076	6
35	1 08 365	9	85	2 63 173	7
36	1 11 461	10	86	2 66 269	8
37	1 14 557	11	87	2 69 365	9
38	1 17 653	12	88	2 72 461	10
39	1 20 750	»	89	2 75 557	11
40	1 23 846	1	90	2 78 653	12
41	1 26 942	2	91	2 81 750	»
42	1 30 038	3	92	2 84 846	1
43	1 33 134	4	93	2 87 942	2
44	1 36 230	5	94	2 91 038	3
45	1 39 326	6	95	2 94 134	4
46	1 42 423	7	96	2 97 230	5
47	1 45 519	8	97	3 00 326	6
48	1 48 615	9	98	3 03 423	7
49	1 51 711	10	99	3 06 519	8
50	1 54 807	11	100	3 09 615	9

Sommes	Intérêts (f. / c.)	n°s	Sommes	Intérêts (f. / c.)	n°s
101	3 12 711	10	151	4 67 519	8
102	3 15 807	11	152	4 70 615	9
103	3 18 903	12	153	4 73 711	10
104	3 22 000	»	154	4 76 807	11
105	3 25 096	1	155	4 79 903	12
106	3 28 192	2	156	4 83 000	»
107	3 31 288	3	157	4 86 096	1
108	3 34 384	4	158	4 89 192	2
109	3 37 480	5	159	4 92 288	3
110	3 40 576	6	160	4 95 384	4
111	3 43 673	7	161	4 98 480	5
112	3 46 769	8	162	5 01 576	6
113	3 49 865	9	163	5 04 673	7
114	3 52 961	10	164	5 07 769	8
115	3 56 057	11	165	5 10 865	9
116	3 59 153	12	166	5 13 961	10
117	3 62 250	»	167	5 17 057	11
118	3 65 346	1	168	5 20 153	12
119	3 68 442	2	169	5 23 250	»
120	3 71 538	3	170	5 26 346	1
121	3 74 634	4	171	5 29 442	2
122	3 77 730	5	172	5 32 538	3
123	3 80 826	6	173	5 35 634	4
124	3 83 923	7	174	5 38 730	5
125	3 87 019	8	175	5 41 826	6
126	3 90 115	9	176	5 44 923	7
127	3 93 211	10	177	5 48 019	8
128	3 96 307	11	178	5 51 115	9
129	3 99 403	12	179	5 54 211	10
130	4 02 500	»	180	5 57 307	11
131	4 05 596	1	181	5 60 403	12
132	4 08 692	2	182	5 63 500	»
133	4 11 788	3	183	5 66 596	1
134	4 14 884	4	184	5 69 692	2
135	4 17 980	5	185	5 72 788	3
136	4 21 076	6	186	5 75 884	4
137	4 24 173	7	187	5 78 980	5
138	4 27 269	8	188	5 82 076	6
139	4 30 365	9	189	5 85 173	7
140	4 33 461	10	190	5 88 269	8
141	4 36 557	11	191	5 91 365	9
142	4 39 653	12	192	5 94 461	10
143	4 42 750	»	193	5 97 557	11
144	4 45 846	1	194	6 00 653	12
145	4 48 942	2	195	6 03 750	»
146	4 52 038	3	196	6 06 846	1
147	4 55 134	4	197	6 09 942	2
148	4 58 230	5	198	6 13 038	3
149	4 61 326	6	199	6 16 134	4
150	4 64 423	7	200	6 19 230	5

Sommes	Intérêts (f. / c.)	n°s	Sommes	Intérêts (f. / c.)	n°s
201	6 22 326	6	251	7 77 134	4
202	6 25 423	7	252	7 80 230	5
203	6 28 519	8	253	7 83 326	6
204	6 31 615	9	254	7 86 423	7
205	6 34 711	10	255	7 89 519	8
206	6 37 807	11	256	7 92 615	9
207	6 40 903	12	257	7 95 711	10
208	6 44 000	»	258	7 98 807	11
209	6 47 096	1	259	8 01 903	12
210	6 50 192	2	260	8 05 000	»
211	6 53 288	3	261	8 08 096	1
212	6 56 384	4	262	8 11 192	2
213	6 59 480	5	263	8 14 288	3
214	6 62 576	6	264	8 17 384	4
215	6 65 673	7	265	8 20 480	5
216	6 68 769	8	266	8 23 576	6
217	6 71 865	9	267	8 26 673	7
218	6 74 961	10	268	8 29 769	8
219	6 78 057	11	269	8 32 865	9
220	6 81 153	12	270	8 35 961	10
221	6 84 250	»	271	8 39 057	11
222	6 87 346	1	272	8 42 153	12
223	6 90 442	2	273	8 45 250	»
224	6 93 538	3	274	8 48 346	1
225	6 96 634	4	275	8 51 442	2
226	6 99 730	5	276	8 54 538	3
227	7 02 826	6	277	8 57 634	4
228	7 05 923	7	278	8 60 730	5
229	7 09 019	8	279	8 63 826	6
230	7 12 115	9	280	8 66 923	7
231	7 15 211	10	281	8 70 019	8
232	7 18 307	11	282	8 73 115	9
233	7 21 403	12	283	8 76 211	10
234	7 24 500	»	284	8 79 307	11
235	7 27 596	1	285	8 82 403	12
236	7 30 692	2	286	8 85 500	»
237	7 33 788	3	287	8 88 596	1
238	7 36 884	4	288	8 91 692	2
239	7 39 980	5	289	8 94 788	3
240	7 43 076	6	290	8 97 884	4
241	7 46 173	7	291	9 00 980	5
242	7 49 269	8	292	9 04 076	6
243	7 52 365	9	293	9 07 173	7
244	7 55 461	10	294	9 10 269	8
245	7 58 557	11	295	9 13 365	9
246	7 61 653	12	296	9 16 461	10
247	7 64 750	»	297	9 19 557	11
248	7 67 846	1	298	9 22 653	12
249	7 70 942	2	299	9 25 750	»
250	7 74 038	3	300	9 28 846	1

n°s	Périodes
1	153846
2	307692
3	461538
4	615384
5	769230
6	923076
7	076923
8	230769
9	384615
10	538461
11	692307
12	846153

Sommes.	Intérêts. (f. c.)	n°s	Sommes.	Intérêts. (f. c.)	n°s
1	» 03 163	1	51	1 61 336	12
2	» 06 326	2	52	1 64 500	»
3	» 09 490	3	53	1 67 663	1
4	» 12 653	4	54	1 70 826	2
5	» 15 817	5	55	1 73 990	3
6	» 18 980	6	56	1 77 153	4
7	» 22 144	7	57	1 80 317	5
8	» 25 307	8	58	1 83 480	6
9	» 28 471	9	59	1 86 644	7
10	» 31 634	10	60	1 89 807	8
11	» 34 798	11	61	1 92 971	9
12	» 37 961	12	62	1 96 134	10
13	» 41 125	»	63	1 99 298	11
14	» 44 288	1	64	2 02 461	12
15	» 47 451	2	65	2 05 625	»
16	» 50 615	3	66	2 08 788	1
17	» 53 778	4	67	2 11 951	2
18	» 56 942	5	68	2 15 115	3
19	» 60 105	6	69	2 18 278	4
20	» 63 269	7	70	2 21 442	5
21	» 66 432	8	71	2 24 605	6
22	» 69 596	9	72	2 27 769	7
23	» 72 759	10	73	2 30 932	8
24	» 75 923	11	74	2 34 096	9
25	» 79 086	12	75	2 37 259	10
26	» 82 250	»	76	2 40 423	11
27	» 85 413	1	77	2 43 586	12
28	» 88 576	2	78	2 46 750	»
29	» 91 740	3	79	2 49 913	1
30	» 94 903	4	80	2 53 076	2
31	» 98 067	5	81	2 56 240	3
32	1 01 230	6	82	2 59 403	4
33	1 04 394	7	83	2 62 567	5
34	1 07 557	8	84	2 65 730	6
35	1 10 721	9	85	2 68 894	7
36	1 13 884	10	86	2 72 057	8
37	1 17 048	11	87	2 75 221	9
38	1 20 211	12	88	2 78 384	10
39	1 23 375	»	89	2 81 548	11
40	1 26 538	1	90	2 84 711	12
41	1 29 701	2	91	2 87 875	»
42	1 32 865	3	92	2 91 038	1
43	1 36 028	4	93	2 94 201	2
44	1 39 192	5	94	2 97 365	3
45	1 42 355	6	95	3 00 528	4
46	1 45 519	7	96	3 03 692	5
47	1 48 682	8	97	3 06 855	6
48	1 51 846	9	98	3 10 019	7
49	1 55 009	10	99	3 13 182	8
50	1 58 173	11	100	3 16 346	9

Sommes.	Intérêts. (f. c.)	n°s	Sommes.	Intérêts. (f. c.)	n°s
101	3 19 509	10	151	4 77 682	8
102	3 22 673	11	152	4 80 846	9
103	3 25 836	12	153	4 84 009	10
104	3 29 000	»	154	4 87 173	11
105	3 32 163	1	155	4 90 336	12
106	3 35 326	2	156	4 93 500	»
107	3 38 490	3	157	4 96 663	1
108	3 41 653	4	158	4 99 826	2
109	3 44 817	5	159	5 02 990	3
110	3 47 980	6	160	5 06 153	4
111	3 51 144	7	161	5 09 317	5
112	3 54 307	8	162	5 12 480	6
113	3 57 471	9	163	5 15 644	7
114	3 60 634	10	164	5 18 807	8
115	3 63 798	11	165	5 21 971	9
116	3 66 961	12	166	5 25 134	10
117	3 70 125	»	167	5 28 298	11
118	3 73 288	1	168	5 31 461	12
119	3 76 451	2	169	5 34 625	»
120	3 79 615	3	170	5 37 788	1
121	3 82 778	4	171	5 40 951	2
122	3 85 942	5	172	5 44 115	3
123	3 89 105	6	173	5 47 278	4
124	3 92 269	7	174	5 50 442	5
125	3 95 432	8	175	5 53 605	6
126	3 98 596	9	176	5 56 769	7
127	4 01 759	10	177	5 59 932	8
128	4 04 923	11	178	5 63 096	9
129	4 08 086	12	179	5 66 259	10
130	4 11 250	»	180	5 69 423	11
131	4 14 413	1	181	5 72 586	12
132	4 17 576	2	182	5 75 750	»
133	4 20 740	3	183	5 78 913	1
134	4 23 903	4	184	5 82 076	2
135	4 27 067	5	185	5 85 240	3
136	4 30 230	6	186	5 88 403	4
137	4 33 394	7	187	5 91 567	5
138	4 36 557	8	188	5 94 730	6
139	4 39 721	9	189	5 97 894	7
140	4 42 884	10	190	6 01 057	8
141	4 46 048	11	191	6 04 221	9
142	4 49 211	12	192	6 07 384	10
143	4 52 375	»	193	6 10 548	11
144	4 55 538	1	194	6 13 711	12
145	4 58 701	2	195	6 16 875	»
146	4 61 865	3	196	6 20 038	1
147	4 65 028	4	197	6 23 201	2
148	4 68 192	5	198	6 26 365	3
149	4 71 355	6	199	6 29 528	4
150	4 74 519	7	200	6 32 692	5

Sommes.	Intérêts. (f. c.)	n°s	Sommes.	Intérêts. (f. c.)	n°s
201	6 35 855	6	251	7 94 028	4
202	6 39 019	7	252	7 97 192	5
203	6 42 182	8	253	8 00 355	6
204	6 45 346	9	254	8 03 519	7
205	6 48 509	10	255	8 06 682	8
206	6 51 673	11	256	8 09 846	9
207	6 54 836	12	257	8 13 009	10
208	6 58 000	»	258	8 16 173	11
209	6 61 163	1	259	8 19 336	12
210	6 64 326	2	260	8 22 500	»
211	6 67 490	3	261	8 25 663	1
212	6 70 653	4	262	8 28 826	2
213	6 73 817	5	263	8 31 990	3
214	6 76 980	6	264	8 35 153	4
215	6 80 144	7	265	8 38 317	5
216	6 83 307	8	266	8 41 480	6
217	6 86 471	9	267	8 44 644	7
218	6 89 634	10	268	8 47 807	8
219	6 92 798	11	269	8 50 971	9
220	6 95 961	12	270	8 54 134	10
221	6 99 125	»	271	8 57 298	11
222	7 02 288	1	272	8 60 461	12
223	7 05 451	2	273	8 63 625	»
224	7 08 615	3	274	8 66 788	1
225	7 11 778	4	275	8 69 951	2
226	7 14 942	5	276	8 73 115	3
227	7 18 105	6	277	8 76 278	4
228	7 21 269	7	278	8 79 442	5
229	7 24 432	8	279	8 82 605	6
230	7 27 596	9	280	8 85 769	7
231	7 30 759	10	281	8 88 932	8
232	7 33 923	11	282	8 92 096	9
233	7 37 086	12	283	8 95 259	10
234	7 40 250	»	284	8 98 423	11
235	7 43 413	1	285	9 01 586	12
236	7 46 576	2	286	9 04 750	»
237	7 49 740	3	287	9 07 913	1
238	7 52 903	4	288	9 11 076	2
239	7 56 067	5	289	9 14 240	3
240	7 59 230	6	290	9 17 403	4
241	7 62 394	7	291	9 20 567	5
242	7 65 537	8	292	9 23 730	6
243	7 68 721	9	293	9 26 894	7
244	7 71 884	10	294	9 30 057	8
245	7 75 048	11	295	9 33 221	9
246	7 78 211	12	296	9 36 384	10
247	7 81 375	»	297	9 39 548	11
248	7 84 538	1	298	9 42 711	12
249	7 87 701	2	299	9 45 875	»
250	7 90 865	3	300	9 49 038	1

n°s	Périodes
1	461538
2	923076
3	384615
4	846153
5	307692
6	769230
7	230769
8	692307
9	153846
10	615384
11	076923
12	538461

n^os	Périodes
1	769230
2	538461
3	307692
4	076923
5	846153
6	615384
7	384615
8	153846
9	923076
10	692307
11	461538
12	230769

Intérêts are given as f. (francs) c. (centimes).

Sommes	Intérêts	n^os	Sommes	Intérêts	n^os	Sommes	Intérêts	n^os	Sommes	Intérêts	n^os	Sommes	Intérêts	n^os	Sommes	Intérêts	n^os
1	» 03 230	1	51	1 64 769	12	101	3 26 307	10	151	4 87 846	8	201	6 49 384	6	251	8 10 923	4
2	» 06 461	2	52	1 68 000	»	102	3 29 538	11	152	4 91 076	9	202	6 52 615	7	252	8 14 153	5
3	» 09 692	3	53	1 71 230	1	103	3 32 769	12	153	4 94 307	10	203	6 55 846	8	253	8 17 384	6
4	» 12 923	4	54	1 74 461	2	104	3 36 000	»	154	4 97 538	11	204	6 59 076	9	254	8 20 615	7
5	» 16 153	5	55	1 77 692	3	105	3 39 230	1	155	5 00 769	12	205	6 62 307	10	255	8 23 846	8
6	» 19 384	6	56	1 80 923	4	106	3 42 461	2	156	5 04 000	»	206	6 65 538	11	256	8 27 076	9
7	» 22 615	7	57	1 84 153	5	107	3 45 692	3	157	5 07 230	1	207	6 68 769	12	257	8 30 307	10
8	» 25 846	8	58	1 87 384	6	108	3 48 923	4	158	5 10 461	2	208	6 72 000	»	258	8 33 538	11
9	» 29 076	9	59	1 90 615	7	109	3 52 153	5	159	5 13 692	3	209	6 75 230	1	259	8 36 769	12
10	» 32 307	10	**60**	1 93 846	8	**110**	3 55 384	6	**160**	5 16 923	4	**210**	6 78 461	2	**260**	8 40 000	»
11	» 35 538	11	61	1 97 076	9	111	3 58 615	7	161	5 20 153	5	211	6 81 692	3	261	8 43 230	1
12	» 38 769	12	62	2 00 307	10	112	3 61 846	8	162	5 23 384	6	212	6 84 923	4	262	8 46 461	2
13	» 42 000	»	63	2 03 538	11	113	3 65 076	9	163	5 26 615	7	213	6 88 153	5	263	8 49 692	3
14	» 45 230	1	64	2 06 769	12	114	3 68 307	10	164	5 29 846	8	214	6 91 384	6	264	8 52 923	4
15	» 48 461	2	65	2 10 000	»	115	3 71 538	11	165	5 33 076	9	215	6 94 615	7	265	8 56 153	5
16	» 51 692	3	66	2 13 230	1	116	3 74 769	12	166	5 36 307	10	216	6 97 846	8	266	8 59 384	6
17	» 54 923	4	67	2 16 461	2	117	3 78 000	»	167	5 39 528	11	217	7 01 076	9	267	8 62 615	7
18	» 58 153	5	68	2 19 692	3	118	3 81 230	1	168	5 42 769	12	218	7 04 307	10	268	8 65 846	8
19	» 61 384	6	69	2 22 923	4	119	3 84 461	2	169	5 46 000	»	219	7 07 538	11	269	8 69 076	9
20	» 64 615	7	**70**	2 26 153	5	**120**	3 87 692	3	**170**	5 49 230	1	**220**	7 10 769	12	**270**	8 72 307	10
21	» 67 846	8	71	2 29 384	6	121	3 90 923	4	171	5 52 461	2	221	7 14 000	»	271	8 75 538	11
22	» 71 076	9	72	2 32 615	7	122	3 94 153	5	172	5 55 692	3	222	7 17 230	1	272	8 78 769	12
23	» 74 307	10	73	2 35 846	8	123	3 97 384	6	173	5 58 923	4	223	7 20 461	2	273	8 82 000	»
24	» 77 538	11	74	2 39 076	9	124	4 00 615	7	174	5 62 153	5	224	7 23 692	3	274	8 85 230	1
25	» 80 769	12	75	2 42 307	10	125	4 03 846	8	175	5 65 384	6	225	7 26 923	4	275	8 88 461	2
26	» 84 000	»	76	2 45 538	11	126	4 07 076	9	176	5 68 615	7	226	7 30 153	5	276	8 91 692	3
27	» 87 230	1	77	2 48 769	12	127	4 10 307	10	177	5 71 846	8	227	7 33 384	6	277	8 94 923	4
28	» 90 461	2	78	2 52 000	»	128	4 13 538	11	178	5 75 076	9	228	7 36 615	7	278	8 98 153	5
29	» 93 692	3	79	2 55 230	1	129	4 16 769	12	179	5 78 307	10	229	7 39 846	8	279	9 01 384	6
30	» 96 923	4	**80**	2 58 461	2	**130**	4 20 000	»	**180**	5 81 538	11	**230**	7 43 076	9	**280**	9 04 615	7
31	1 00 153	5	81	2 61 692	3	131	4 23 230	1	181	5 84 769	12	231	7 46 307	10	281	9 07 846	8
32	1 03 384	6	82	2 64 923	4	132	4 26 461	2	182	5 88 000	»	232	7 49 538	11	282	9 11 076	9
33	1 06 615	7	83	2 68 153	5	133	4 29 692	3	183	5 91 230	1	233	7 52 769	12	283	9 14 307	10
34	1 09 846	8	84	2 71 384	6	134	4 32 923	4	184	5 94 461	2	234	7 56 000	»	284	9 17 538	11
35	1 13 076	9	85	2 74 615	7	135	4 36 153	5	185	5 97 692	3	235	7 59 230	1	285	9 20 769	12
36	1 16 307	10	86	2 77 846	8	136	4 39 384	6	186	6 00 923	4	236	7 62 461	2	286	9 24 000	»
37	1 19 538	11	87	2 81 076	9	137	4 42 615	7	187	6 04 153	5	237	7 65 692	3	287	9 27 230	1
38	1 22 769	12	88	2 84 307	10	138	4 45 846	8	188	6 07 384	6	238	7 68 923	4	288	9 30 461	2
39	1 26 000	»	89	2 87 538	11	139	4 49 076	9	189	6 10 615	7	239	7 72 153	5	289	9 33 692	3
40	1 29 230	1	**90**	2 90 769	12	**140**	4 52 307	10	**190**	6 13 846	8	**240**	7 75 384	6	**290**	9 36 923	4
41	1 32 461	2	91	2 94 000	»	141	4 55 538	11	191	6 17 076	9	241	7 78 615	7	291	9 40 153	5
42	1 35 692	3	92	2 97 230	1	142	4 58 769	12	192	6 20 307	10	242	7 81 846	8	292	9 43 384	6
43	1 38 923	4	93	3 00 461	2	143	4 62 000	»	193	6 23 538	11	243	7 85 076	9	293	9 46 615	7
44	1 42 153	5	94	3 03 692	3	144	4 65 230	1	194	6 26 769	12	244	7 88 307	10	294	9 49 846	8
45	1 45 384	6	95	3 06 923	4	145	4 68 461	2	195	6 30 000	»	245	7 91 538	11	295	9 53 076	9
46	1 48 615	7	96	3 10 153	5	146	4 71 692	3	196	6 33 230	1	246	7 94 769	12	296	9 56 307	10
47	1 51 846	8	97	3 13 384	6	147	4 74 923	4	197	6 36 461	2	247	7 98 000	»	297	9 59 538	11
48	1 55 076	9	98	3 16 615	7	148	4 78 153	5	198	6 39 692	3	248	8 01 230	1	298	9 62 769	12
49	1 58 307	10	99	3 19 846	8	149	4 81 384	6	199	6 42 923	4	249	8 04 461	2	299	9 66 000	»
50	1 61 538	11	**100**	3 23 076	9	**150**	4 84 615	7	**200**	6 46 153	5	**250**	8 07 692	3	**300**	9 69 230	1

Sommes	Intérêts (f. c.)	nos	Sommes	Intérêts (f. c.)	nos
1	» 03 298	1	51	1 68 201	12
2	» 06 596	2	52	1 71 500	»
3	» 09 894	3	53	1 74 798	1
4	» 13 192	4	54	1 78 096	2
5	» 16 490	5	55	1 81 394	3
6	» 19 788	6	56	1 84 692	4
7	» 23 086	7	57	1 87 990	5
8	» 26 384	8	58	1 91 288	6
9	» 29 682	9	59	1 94 586	7
10	» 32 980	10	60	1 97 884	8
11	» 36 278	11	61	2 01 182	9
12	» 39 576	12	62	2 04 480	10
13	» 42 875	»	63	2 07 778	11
14	» 46 173	1	64	2 11 076	12
15	» 49 471	2	65	2 14 375	»
16	» 52 769	3	66	2 17 673	1
17	» 56 067	4	67	2 20 971	2
18	» 59 365	5	68	2 24 269	3
19	» 62 663	6	69	2 27 567	4
20	» 65 961	7	70	2 30 865	5
21	» 69 259	8	71	2 34 163	6
22	» 72 557	9	72	2 37 461	7
23	» 75 855	10	73	2 40 759	8
24	» 79 153	11	74	2 44 057	9
25	» 82 451	12	75	2 47 355	10
26	» 85 750	»	76	2 50 653	11
27	» 89 048	1	77	2 53 951	12
28	» 92 346	2	78	2 57 250	»
29	» 95 644	3	79	2 60 548	1
30	» 98 942	4	80	2 63 846	2
31	1 02 240	5	81	2 67 144	3
32	1 05 538	6	82	2 70 442	4
33	1 08 836	7	83	2 73 740	5
34	1 12 134	8	84	2 77 038	6
35	1 15 432	9	85	2 80 336	7
36	1 18 730	10	86	2 83 634	8
37	1 22 028	11	87	2 86 932	9
38	1 25 326	12	88	2 90 230	10
39	1 28 625	»	89	2 93 528	11
40	1 31 923	1	90	2 96 826	12
41	1 35 221	2	91	3 00 125	»
42	1 38 519	3	92	3 03 423	1
43	1 41 817	4	93	3 06 721	2
44	1 45 115	5	94	3 10 019	3
45	1 48 413	6	95	3 13 317	4
46	1 51 711	7	96	3 16 615	5
47	1 55 009	8	97	3 19 913	6
48	1 58 307	9	98	3 23 211	7
49	1 61 605	10	99	3 26 509	8
50	1 64 903	11	100	3 29 807	9

Sommes	Intérêts (f. c.)	nos	Sommes	Intérêts (f. c.)	nos
101	3 33 105	10	151	4 98 009	8
102	3 36 403	11	152	5 01 307	9
103	3 39 701	12	153	5 04 605	10
104	3 43 000	»	154	5 07 903	11
105	3 46 298	1	155	5 11 201	12
106	3 49 596	2	156	5 14 500	»
107	3 52 894	3	157	5 17 798	1
108	3 56 192	4	158	5 21 096	2
109	3 59 490	5	159	5 24 394	3
110	3 62 788	6	160	5 27 692	4
111	3 66 086	7	161	5 30 990	5
112	3 69 384	8	162	5 34 288	6
113	3 72 682	9	163	5 37 586	7
114	3 75 980	10	164	5 40 884	8
115	3 79 278	11	165	5 44 182	9
116	3 82 576	12	166	5 47 480	10
117	3 85 875	»	167	5 50 778	11
118	3 89 173	1	168	5 54 076	12
119	3 92 471	2	169	5 57 375	»
120	3 95 769	3	170	5 60 673	1
121	3 99 067	4	171	5 63 971	2
122	4 02 365	5	172	5 67 269	3
123	4 05 663	6	173	5 70 567	4
124	4 08 961	7	174	5 73 865	5
125	4 12 259	8	175	5 77 163	6
126	4 15 557	9	176	5 80 461	7
127	4 18 855	10	177	5 83 759	8
128	4 22 153	11	178	5 87 057	9
129	4 25 451	12	179	5 90 355	10
130	4 28 750	»	180	5 93 653	11
131	4 32 048	1	181	5 96 951	12
132	4 35 346	2	182	6 00 250	»
133	4 38 644	3	183	6 03 548	1
134	4 41 942	4	184	6 06 846	2
135	4 45 240	5	185	6 10 144	3
136	4 48 538	6	186	6 13 442	4
137	4 51 836	7	187	6 16 740	5
138	4 55 134	8	188	6 20 038	6
139	4 58 432	9	189	6 23 336	7
140	4 61 730	10	190	6 26 634	8
141	4 65 028	11	191	6 29 932	9
142	4 68 326	12	076	6 33 230	10
143	4 71 625	»	509	6 36 528	11
144	4 74 923	1	942	6 39 826	12
145	4 78 221	2	375	6 43 125	»
146	4 81 519	3	807	6 46 423	1
147	4 84 817	4	197	6 49 721	2
148	4 88 115	5	198	6 53 019	3
149	4 91 413	6	199	6 56 317	4
150	4 94 711	7	200	6 59 615	5

Sommes	Intérêts (f. c.)	nos	Sommes	Intérêts (f. c.)	nos
201	6 62 913	6	251	8 27 817	4
202	6 66 211	7	252	8 31 115	5
203	6 69 509	8	253	8 34 413	6
204	6 72 807	9	254	8 37 711	7
205	6 76 105	10	255	8 41 009	8
206	6 79 403	11	256	8 44 307	9
207	6 82 701	12	257	8 47 605	10
208	6 86 000	»	258	8 50 903	11
209	6 89 298	1	259	8 54 201	12
210	6 92 596	2	260	8 57 500	»
211	6 95 894	3	261	8 60 798	1
212	6 99 192	4	262	8 64 096	2
213	7 02 490	5	263	8 67 394	3
214	7 05 788	6	264	8 70 692	4
215	7 09 086	7	265	8 73 990	5
216	7 12 384	8	266	8 77 288	6
217	7 15 682	9	267	8 80 586	7
218	7 18 980	10	268	8 83 884	8
219	7 22 278	11	269	8 87 182	9
220	7 25 576	12	270	8 90 480	10
221	7 28 875	»	271	8 93 778	11
222	7 32 173	1	272	8 97 076	12
223	7 35 471	2	273	9 00 375	»
224	7 38 769	3	274	9 03 673	1
225	7 42 067	4	275	9 06 971	2
226	7 45 365	5	276	9 10 269	3
227	7 48 663	6	277	9 13 567	4
228	7 51 961	7	278	9 16 865	5
229	7 55 259	8	279	9 20 163	6
230	7 58 557	9	280	9 23 461	7
231	7 61 855	10	281	9 26 759	8
232	7 65 153	11	282	9 30 057	9
233	7 68 451	12	283	9 33 355	10
234	7 71 750	»	284	9 36 653	11
235	7 75 048	1	285	9 39 951	12
236	7 78 346	2	286	9 43 250	»
237	7 84 644	3	287	9 46 548	1
238	7 84 942	4	288	9 49 846	2
239	7 88 240	5	289	9 53 144	3
240	7 91 538	6	290	9 56 442	4
241	7 94 836	7	291	9 59 740	5
242	7 98 134	8	292	9 63 038	6
243	8 01 432	9	293	9 66 336	7
244	8 04 730	10	294	9 69 634	8
245	8 08 028	11	295	9 72 932	9
246	8 11 326	12	296	9 76 230	10
247	8 14 625	»	297	9 79 528	11
248	8 17 923	1	298	9 82 826	12
249	8 21 221	2	299	9 86 125	»
250	8 24 519	3	300	9 89 423	1

nos	Périodes
1	076923
2	153846
3	230769
4	307692
5	384615
6	461538
7	538461
8	615384
9	692307
10	769230
11	846153
12	923076

Table I (Sommes 1–100)

Sommes	Intérêts f.	c.	nos	Sommes	Intérêts f.	c.	nos
1	»	03 365	1	51	1	71 634	12
2	»	06 730	2	52	1	75 000	»
3	»	10 096	3	53	1	78 365	1
4	»	13 461	4	54	1	81 730	2
5	»	16 826	5	55	1	85 096	3
6	»	20 192	6	56	1	88 461	4
7	»	23 557	7	57	1	91 826	5
8	»	26 923	8	58	1	95 192	6
9	»	30 288	9	59	1	98 557	7
10	»	33 653	10	60	2	01 923	8
11	»	37 019	11	61	2	05 288	9
12	»	40 384	12	62	2	08 653	10
13	»	43 750	»	63	2	12 019	11
14	»	47 115	1	64	2	15 384	12
15	»	50 480	2	65	2	18 750	»
16	»	53 846	3	66	2	22 115	1
17	»	57 211	4	67	2	25 480	2
18	»	60 576	5	68	2	28 846	3
19	»	63 942	6	69	2	32 211	4
20	»	67 307	7	70	2	35 576	5
21	»	70 673	8	71	2	38 942	6
22	»	74 038	9	72	2	42 307	7
23	»	77 403	10	73	2	45 673	8
24	»	80 769	11	74	2	49 038	9
25	»	84 134	12	75	2	52 403	10
26	»	87 500	»	76	2	55 769	11
27	»	90 865	1	77	2	59 134	12
28	»	94 230	2	78	2	62 500	»
29	»	97 596	3	79	2	65 865	1
30	1	00 961	4	80	2	69 230	2
31	1	04 326	5	81	2	72 596	3
32	1	07 692	6	82	2	75 961	4
33	1	11 057	7	83	2	79 326	5
34	1	14 423	8	84	2	82 692	6
35	1	17 788	9	85	2	86 057	7
36	1	21 153	10	86	2	89 423	8
37	1	24 519	11	87	2	92 788	9
38	1	27 884	12	88	2	96 153	10
39	1	31 250	»	89	2	99 519	11
40	1	34 615	1	90	3	02 884	12
41	1	37 980	2	91	3	06 250	»
42	1	41 346	3	92	3	09 615	1
43	1	44 711	4	93	3	12 980	2
44	1	48 076	5	94	3	16 346	3
45	1	51 442	6	95	3	19 711	4
46	1	54 807	7	96	3	23 076	5
47	1	58 173	8	97	3	26 442	6
48	1	61 538	9	98	3	29 807	7
49	1	64 903	10	99	3	33 173	8
50	1	68 269	11	100	3	36 538	9

Table II (Sommes 101–200)

Sommes	Intérêts f.	c.	nos	Sommes	Intérêts f.	c.	nos
101	3	39 903	10	151	5	08 173	8
102	3	43 269	11	152	5	11 538	9
103	3	46 634	12	153	5	14 903	10
104	3	50 000	»	154	5	18 269	11
105	3	53 365	1	155	5	21 634	12
106	3	56 730	2	156	5	25 000	»
107	3	60 096	3	157	5	28 365	1
108	3	63 461	4	158	5	31 730	2
109	3	66 826	5	159	5	35 096	3
110	3	70 192	6	160	5	38 461	4
111	3	73 557	7	161	5	41 826	5
112	3	76 923	8	162	5	45 192	6
113	3	80 288	9	163	5	48 557	7
114	3	83 653	10	164	5	51 923	8
115	3	87 019	11	165	5	55 288	9
116	3	90 384	12	166	5	58 653	10
117	3	93 750	»	167	5	62 019	11
118	3	97 115	1	168	5	65 384	12
119	4	00 480	2	169	5	68 750	»
120	4	03 846	3	170	5	72 115	1
121	4	07 211	4	171	5	75 480	2
122	4	10 576	5	172	5	78 846	3
123	4	13 942	6	173	5	82 211	4
124	4	17 307	7	174	5	85 576	5
125	4	20 673	8	175	5	88 942	6
126	4	24 038	9	176	5	92 307	7
127	4	27 403	10	177	5	95 673	8
128	4	30 769	11	178	5	99 038	9
129	4	34 134	12	179	6	02 403	10
130	4	37 500	»	180	6	05 769	11
131	4	40 865	1	181	6	09 134	12
132	4	44 230	2	182	6	12 500	»
133	4	47 596	3	183	6	15 865	1
134	4	50 961	4	184	6	19 230	2
135	4	54 326	5	185	6	22 596	3
136	4	57 692	6	186	6	25 961	4
137	4	61 057	7	187	6	29 326	5
138	4	64 423	8	188	6	32 692	6
139	4	67 788	9	189	6	36 057	7
140	4	71 153	10	190	6	39 423	8
141	4	74 519	11	191	6	42 788	9
142	4	77 884	12	192	6	46 153	10
143	4	81 250	»	193	6	49 519	11
144	4	84 615	1	194	6	52 884	12
145	4	87 980	2	195	6	56 250	»
146	4	91 346	3	196	6	59 615	1
147	4	94 711	4	197	6	62 980	2
148	4	98 076	5	198	6	66 346	3
149	5	01 442	6	199	6	69 741	4
150	5	04 807	7	200	6	73 076	5

Table III (Sommes 201–300)

Sommes	Intérêts f.	c.	nos	Sommes	Intérêts f.	c.	nos
201	6	76 442	6	251	8	44 711	4
202	6	79 807	7	252	8	48 076	5
203	6	83 173	8	253	8	51 442	6
204	6	86 538	9	254	8	54 807	7
205	6	89 903	10	255	8	58 173	8
206	6	93 269	11	256	8	61 538	9
207	6	96 634	12	257	8	64 903	10
208	7	00 000	»	258	8	68 269	11
209	7	03 365	1	259	8	71 634	12
210	7	06 730	2	260	8	75 000	»
211	7	10 096	3	261	8	78 365	1
212	7	13 461	4	262	8	81 730	2
213	7	16 826	5	263	8	85 096	3
214	7	20 192	6	264	8	88 461	4
215	7	23 557	7	265	8	91 826	5
216	7	26 923	8	266	8	95 192	6
217	7	30 288	9	267	8	98 557	7
218	7	33 653	10	268	9	01 923	8
219	7	37 019	11	269	9	05 288	9
220	7	40 384	12	270	9	08 653	10
221	7	43 750	»	271	9	12 019	11
222	7	47 115	1	272	9	15 384	12
223	7	50 480	2	273	9	18 750	»
224	7	53 846	3	274	9	22 115	1
225	7	57 211	4	275	9	25 480	2
226	7	60 576	5	276	9	28 846	3
227	7	63 942	6	277	9	32 211	4
228	7	67 307	7	278	9	35 576	5
229	7	70 673	8	279	9	38 942	6
230	7	74 038	9	280	9	42 307	7
231	7	77 403	10	281	9	45 673	8
232	7	80 769	11	282	9	49 038	9
233	7	84 134	12	283	9	52 403	10
234	7	87 500	»	284	9	55 769	11
235	7	90 865	1	285	9	59 134	12
236	7	94 230	2	286	9	62 500	»
237	7	97 596	3	287	9	65 865	1
238	8	00 961	4	288	9	69 230	2
239	8	04 326	5	289	9	72 596	3
240	8	07 692	6	290	9	75 961	4
241	8	11 057	7	291	9	79 326	5
242	8	14 423	8	292	9	82 692	6
243	8	17 788	9	293	9	86 057	7
244	8	21 153	10	294	9	89 423	8
245	8	24 519	11	295	9	92 788	9
246	8	27 884	12	296	9	96 153	10
247	8	31 250	»	297	9	99 519	11
248	8	34 615	1	298	10	02 884	12
249	8	37 980	2	299	10	06 250	»
250	8	41 346	3	300	10	09 615	1

Périodes

nos	Périodes
1	384615
2	769230
3	153846
4	538461
5	923076
6	307692
7	692307
8	076923
9	461538
10	846153
11	230769
12	615384

Sommes	Intérêts (f. c.)	n°s	Sommes	Intérêts (f. c.)	n°s
1	» 03 432	1	51	1 75 067	12
2	» 06 865	2	52	1 78 500	»
3	» 10 298	3	53	1 81 932	1
4	» 13 730	4	54	1 85 365	2
5	» 17 163	5	55	1 88 798	3
6	» 20 596	6	56	1 92 230	4
7	» 24 028	7	57	1 95 663	5
8	» 27 461	8	58	1 99 096	6
9	» 30 894	9	59	2 02 528	7
10	» 34 326	10	60	2 05 961	8
11	» 37 759	11	61	2 09 394	9
12	» 41 192	12	62	2 12 826	10
13	» 44 625	»	63	2 16 259	11
14	» 48 057	1	64	2 19 692	12
15	» 51 490	2	65	2 23 125	»
16	» 54 923	3	66	2 26 557	1
17	» 58 355	4	67	2 29 990	2
18	» 61 788	5	68	2 33 423	3
19	» 65 221	6	69	2 36 855	4
20	» 68 653	7	70	2 40 288	5
21	» 72 086	8	71	2 43 721	6
22	» 75 519	9	72	2 47 153	7
23	» 78 951	10	73	2 50 586	8
24	» 82 384	11	74	2 54 019	9
25	» 85 817	12	75	2 57 451	10
26	» 89 250	»	76	2 60 884	11
27	» 92 682	1	77	2 64 317	12
28	» 96 115	2	78	2 67 750	»
29	» 99 548	3	79	2 71 182	1
30	1 02 980	4	80	2 74 615	2
31	1 06 413	5	81	2 78 048	3
32	1 09 846	6	82	2 81 480	4
33	1 13 278	7	83	2 84 913	5
34	1 16 711	8	84	2 88 346	6
35	1 20 144	9	85	2 91 778	7
36	1 23 576	10	86	2 95 211	8
37	1 27 009	11	87	2 98 644	9
38	1 30 442	12	88	3 02 076	10
39	1 33 875	»	89	3 05 509	11
40	1 37 307	1	90	3 08 942	12
41	1 40 740	2	91	3 12 375	»
42	1 44 173	3	92	3 15 807	1
43	1 47 605	4	93	3 19 240	2
44	1 51 038	5	94	3 22 673	3
45	1 54 471	6	95	3 26 105	4
46	1 57 903	7	96	3 29 538	5
47	1 61 336	8	97	3 32 971	6
48	1 64 769	9	98	3 36 403	7
49	1 68 201	10	99	3 39 836	8
50	1 71 634	11	100	3 43 269	9

Sommes	Intérêts (f. c.)	n°s	Sommes	Intérêts (f. c.)	n°s
101	3 46 701	10	151	5 18 336	8
102	3 50 134	11	152	5 21 769	9
103	3 53 567	12	153	5 25 201	10
104	3 57 000	»	154	5 28 634	11
105	3 60 432	1	155	5 32 067	12
106	3 63 865	2	156	5 35 500	»
107	3 67 298	3	157	5 38 932	1
108	3 70 730	4	158	5 42 365	2
109	3 74 163	5	159	5 45 798	3
110	3 77 596	6	160	5 49 230	4
111	3 81 028	7	161	5 52 663	5
112	3 84 461	8	162	5 56 096	6
113	3 87 894	9	163	5 59 528	7
114	3 91 326	10	164	5 62 961	8
115	3 94 759	11	165	5 66 394	9
116	3 98 192	12	166	5 69 826	10
117	4 01 625	»	167	5 73 259	11
118	4 05 057	1	168	5 76 692	12
119	4 08 490	2	169	5 80 125	»
120	4 11 923	3	170	5 83 557	1
121	4 15 355	4	171	5 86 990	2
122	4 18 788	5	172	5 90 423	3
123	4 22 221	6	173	5 93 855	4
124	4 25 653	7	174	5 97 288	5
125	4 29 086	8	175	6 00 721	6
126	4 32 519	9	176	6 04 153	7
127	4 35 951	10	177	6 07 586	8
128	4 39 384	11	178	6 11 019	9
129	4 42 817	12	179	6 14 451	10
130	4 46 250	»	180	6 17 884	11
131	4 49 682	1	181	6 21 317	12
132	4 53 115	2	182	6 24 750	»
133	4 56 548	3	183	6 28 182	1
134	4 59 980	4	184	6 31 615	2
135	4 63 413	5	185	6 35 048	3
136	4 66 846	6	186	6 38 480	4
137	4 70 278	7	187	6 41 913	5
138	4 73 711	8	188	6 45 346	6
139	4 77 144	9	189	6 48 778	7
140	4 80 576	10	190	6 52 211	8
141	4 84 009	11	191	6 55 644	9
142	4 87 442	12	076	6 59 076	10
143	4 90 875	»	509	6 62 509	11
144	4 94 307	1	942	6 65 942	12
145	4 97 740	2	375	6 69 375	»
146	5 01 173	3	807	6 72 807	1
147	5 04 605	4	197	6 76 240	2
148	5 08 038	5	198	6 79 673	3
149	5 11 471	6	199	6 83 105	4
150	5 14 903	7	200	6 86 538	5

Sommes	Intérêts (f. c.)	n°s	Sommes	Intérêts (f. c.)	n°s
201	6 89 971	6	251	8 61 605	4
202	6 93 403	7	252	8 65 038	5
203	6 96 836	8	253	8 68 471	6
204	7 00 269	9	254	8 71 903	7
205	7 03 701	10	255	8 75 336	8
206	7 07 134	11	256	8 78 769	9
207	7 10 567	12	257	8 82 201	10
208	7 14 000	»	258	8 85 634	11
209	7 17 432	1	259	8 89 067	12
210	7 20 865	2	260	8 92 500	»
211	7 24 298	3	261	8 95 932	1
212	7 27 730	4	262	8 99 365	2
213	7 31 163	5	263	9 02 798	3
214	7 34 596	6	264	9 06 230	4
215	7 38 028	7	265	9 09 663	5
216	7 41 461	8	266	9 13 096	6
217	7 44 894	9	267	9 16 528	7
218	7 48 326	10	268	9 19 961	8
219	7 51 759	11	269	9 23 394	9
220	7 55 192	12	270	9 26 826	10
221	7 58 625	»	271	9 30 259	11
222	7 62 057	1	272	9 33 692	12
223	7 65 490	2	273	9 37 125	»
224	7 68 923	3	274	9 40 557	1
225	7 72 355	4	275	9 43 990	2
226	7 75 788	5	276	9 47 423	3
227	7 79 221	6	277	9 50 855	4
228	7 82 653	7	278	9 54 288	5
229	7 86 086	8	279	9 57 721	6
230	7 89 519	9	280	9 61 153	7
231	7 92 951	10	281	9 64 586	8
232	7 96 384	11	282	9 68 019	9
233	7 99 817	12	283	9 71 451	10
234	8 03 250	»	284	9 74 884	11
235	8 06 682	1	285	9 78 317	12
236	8 10 115	2	286	9 81 750	»
237	8 13 548	3	287	9 85 182	1
238	8 16 980	4	288	9 88 615	2
239	8 20 413	5	289	9 92 048	3
240	8 23 846	6	290	9 95 480	4
241	8 27 278	7	291	9 98 913	5
242	8 30 711	8	292	10 02 346	6
243	8 34 144	9	293	10 05 778	7
244	8 37 576	10	294	10 09 211	8
245	8 41 009	11	295	10 12 644	9
246	8 44 442	12	296	10 16 076	10
247	8 47 875	»	297	10 19 509	11
248	8 51 307	1	298	10 22 942	12
249	8 54 740	2	299	10 26 375	»
250	8 58 173	3	300	10 29 807	1

n°s	Périodes
1	692307
2	384615
3	076923
4	769230
5	461538
6	153846
7	846153
8	538461
9	230769
10	923076
11	615384
12	307692

Intérêts sub-columns are francs (f.) and centimes (c.); "»" in the francs column means none.

Sommes	Intérêts	n°s	Sommes	Intérêts	n°s	Sommes	Intérêts	n°s	Sommes	Intérêts	n°s	Sommes	Intérêts	n°s	Sommes	Intérêts	n°s
1	» 03 500	1	51	1 78 500	12	101	3 53 500	10	151	5 28 500	8	201	7 03 500	6	251	8 78 500	4
2	» 07 000	2	52	1 82 000	»	102	3 57 000	11	152	5 32 000	9	202	7 07 000	7	252	8 82 000	5
3	» 10 500	3	53	1 85 500	1	103	3 60 500	12	153	5 35 500	10	203	7 10 500	8	253	8 85 500	6
4	» 14 000	4	54	1 89 000	2	104	3 64 000	»	154	5 39 000	11	204	7 14 000	9	254	8 89 000	7
5	» 17 500	5	55	1 92 500	3	105	3 67 500	1	155	5 42 500	12	205	7 17 500	10	255	8 92 500	8
6	» 21 000	6	56	1 96 000	4	106	3 71 000	2	156	5 46 000	»	206	7 21 000	11	256	8 96 000	9
7	» 24 500	7	57	1 99 500	5	107	3 74 500	3	157	5 49 500	1	207	7 24 500	12	257	8 99 500	10
8	» 28 000	8	58	2 03 000	6	108	3 78 000	4	158	5 53 000	2	208	7 28 000	»	258	9 03 000	11
9	» 31 500	9	59	2 06 500	7	109	3 81 500	5	159	5 56 500	3	209	7 31 500	1	259	9 06 500	12
10	» 35 000	10	60	2 10 000	8	110	3 85 000	6	160	5 60 000	4	210	7 35 000	2	260	9 10 000	»
11	» 38 500	11	61	2 13 500	9	111	3 88 500	7	161	5 63 500	5	211	7 38 500	3	261	9 13 500	1
12	» 42 000	12	62	2 17 000	10	112	3 92 000	8	162	5 67 000	6	212	7 42 000	4	262	9 17 000	2
13	» 45 500	»	63	2 20 500	11	113	3 95 500	9	163	5 70 500	7	213	7 45 500	5	263	9 20 500	3
14	» 49 000	1	64	2 24 000	12	114	3 99 000	10	164	5 74 000	8	214	7 49 000	6	264	9 24 000	4
15	» 52 500	2	65	2 27 500	»	115	4 02 500	11	165	5 77 500	9	215	7 52 500	7	265	9 27 500	5
16	» 56 000	3	66	2 31 000	1	116	4 06 000	12	166	5 81 000	10	216	7 56 000	8	266	9 31 000	6
17	» 59 500	4	67	2 34 500	2	117	4 09 500	»	167	5 84 500	11	217	7 59 500	9	267	9 34 500	7
18	» 63 000	5	68	2 38 000	3	118	4 13 000	1	168	5 88 000	12	218	7 63 000	10	268	9 38 000	8
19	» 66 500	6	69	2 41 500	4	119	4 16 500	2	169	5 91 500	»	219	7 66 500	11	269	9 41 500	9
20	» 70 000	7	70	2 45 000	5	120	4 20 000	3	170	5 95 000	1	220	7 70 000	12	270	9 45 000	10
21	» 73 500	8	71	2 48 500	6	121	4 23 500	4	171	5 98 500	2	221	7 73 500	»	271	9 48 500	11
22	» 77 000	9	72	2 52 000	7	122	4 27 000	5	172	6 02 000	3	222	7 77 000	1	272	9 52 000	12
23	» 80 500	10	73	2 55 500	8	123	4 30 500	6	173	6 05 500	4	223	7 80 500	2	273	9 55 500	»
24	» 84 000	11	74	2 59 000	9	124	4 34 000	7	174	6 09 000	5	224	7 84 000	3	274	9 59 000	1
25	» 87 500	12	75	2 62 500	10	125	4 37 500	8	175	6 12 500	6	225	7 87 500	4	275	9 62 500	2
26	» 91 000	»	76	2 66 000	11	126	4 41 000	9	176	6 16 000	7	226	7 91 000	5	276	9 66 000	3
27	» 94 500	1	77	2 69 500	12	127	4 44 500	10	177	6 19 500	8	227	7 94 500	6	277	9 69 500	4
28	» 98 000	2	78	2 73 000	»	128	4 48 000	11	178	6 23 000	9	228	7 98 000	7	278	9 73 000	5
29	1 01 500	3	79	2 76 500	1	129	4 51 500	12	179	6 26 500	10	229	8 01 500	8	279	9 76 500	6
30	1 05 000	4	80	2 80 000	2	130	4 55 000	»	180	6 30 000	11	230	8 05 000	9	280	9 80 000	7
31	1 08 500	5	81	2 83 500	3	131	4 58 500	1	181	6 33 500	12	231	8 08 500	10	281	9 83 500	8
32	1 12 000	6	82	2 87 000	4	132	4 62 000	2	182	6 37 000	»	232	8 12 000	11	282	9 87 000	9
33	1 15 500	7	83	2 90 500	5	133	4 65 500	3	183	6 40 500	1	233	8 15 500	12	283	9 90 500	10
34	1 19 000	8	84	2 94 000	6	134	4 69 000	4	184	6 44 000	2	234	8 19 000	»	284	9 94 000	11
35	1 22 500	9	85	2 97 500	7	135	4 72 500	5	185	6 47 500	3	235	8 22 500	1	285	9 97 500	12
36	1 26 000	10	86	3 01 000	8	136	4 76 000	6	186	6 51 000	4	236	8 26 000	2	286	10 01 000	»
37	1 29 500	11	87	3 04 500	9	137	4 79 500	7	187	6 54 500	5	237	8 29 500	3	287	10 04 500	1
38	1 33 000	12	88	3 08 000	10	138	4 83 000	8	188	6 58 000	6	238	8 33 000	4	288	10 08 000	2
39	1 36 500	»	89	3 11 500	11	139	4 86 500	9	189	6 61 500	7	239	8 36 500	5	289	10 11 500	3
40	1 40 000	1	90	3 15 000	12	140	4 90 000	10	190	6 65 000	8	240	8 40 000	6	290	10 15 000	4
41	1 43 500	2	91	3 18 500	»	141	4 93 500	11	191	6 68 500	9	241	8 43 500	7	291	10 18 500	5
42	1 47 000	3	92	3 22 000	1	142	4 97 000	12	192	6 72 000	10	242	8 47 000	8	292	10 22 000	6
43	1 50 500	4	93	3 25 500	2	143	5 00 500	»	193	6 75 500	11	243	8 50 500	9	293	10 25 500	7
44	1 54 000	5	94	3 29 000	3	144	5 04 000	1	194	6 79 000	12	244	8 54 000	10	294	10 29 000	8
45	1 57 500	6	95	3 32 500	4	145	5 07 500	2	195	6 82 500	»	245	8 57 500	11	295	10 32 500	9
46	1 61 000	7	96	3 36 000	5	146	5 11 000	3	196	6 86 000	1	246	8 61 000	12	296	10 36 000	10
47	1 64 500	8	97	3 39 500	6	147	5 14 500	4	197	6 89 500	2	247	8 64 500	»	297	10 39 500	11
48	1 68 000	9	98	3 43 000	7	148	5 18 000	5	198	6 93 000	3	248	8 68 000	1	298	10 43 000	12
49	1 71 500	10	99	3 46 500	8	149	5 21 500	6	199	6 96 500	4	249	8 71 500	2	299	10 46 500	»
50	1 75 000	11	100	3 50 000	9	150	5 25 000	7	200	7 00 000	5	250	8 75 000	3	300	10 50 000	1

Inset table:

n°s	Périodes
1	000000
2	000000
3	000000
4	000000
5	000000
6	000000
7	000000
8	000000
9	000000
10	000000
11	000000
12	000000

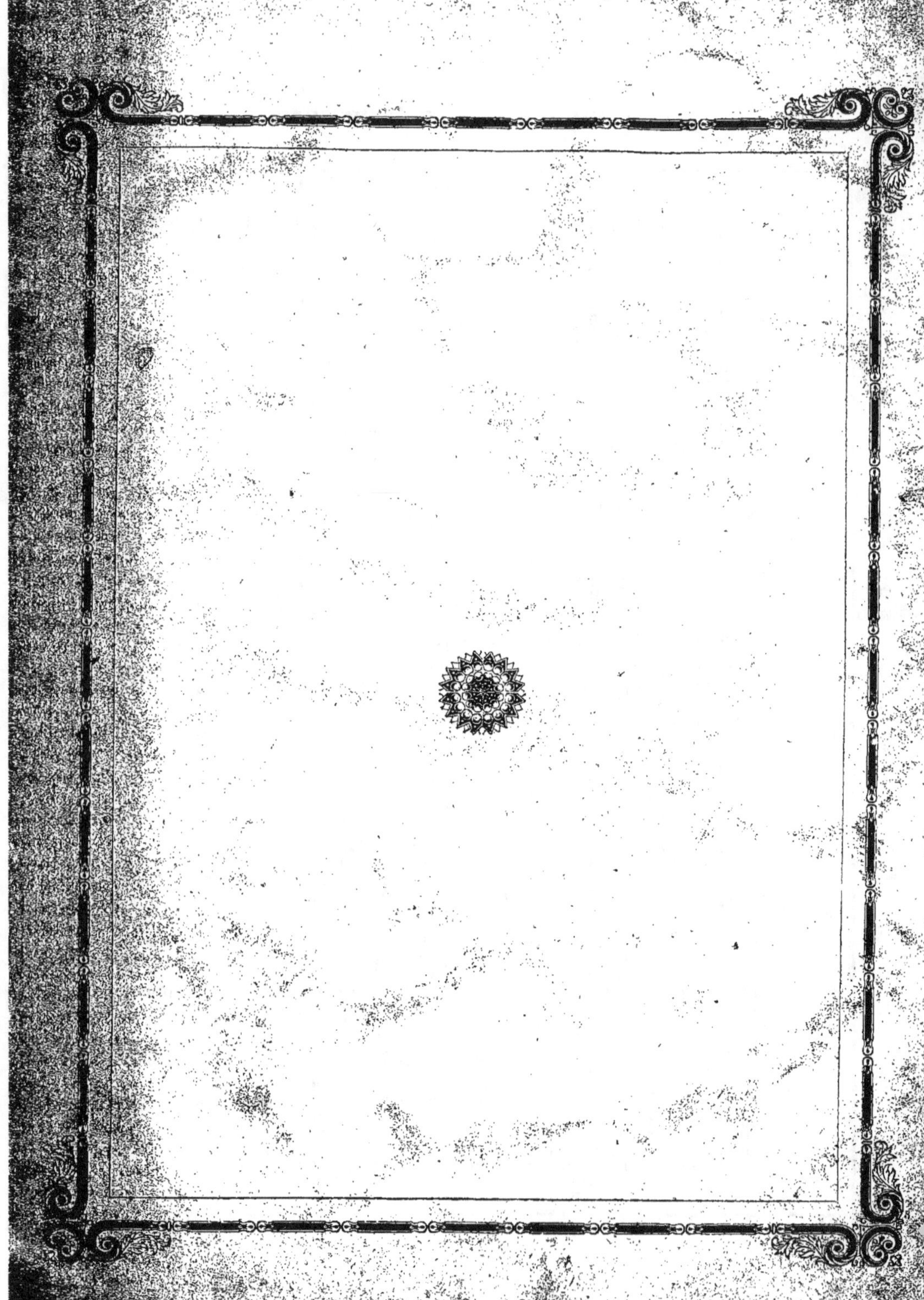

www.ingramcontent.com/pod-product-compliance
Lightning Source LLC
LaVergne TN
LVHW012057030726

842523LV00002B/567